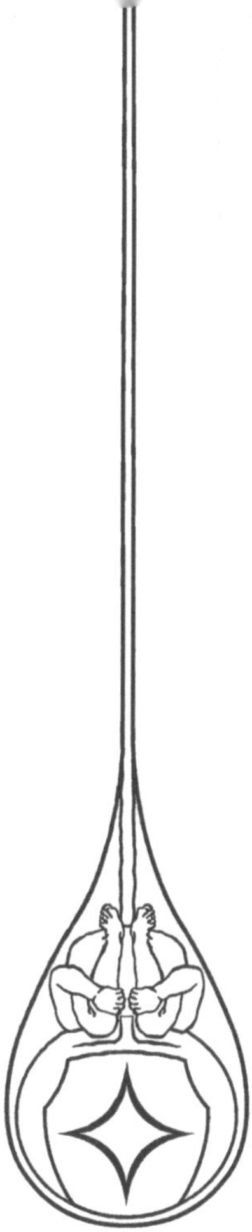

homunculus
verlag

WWW.HOMUNCULUS-VERLAG.DE

Seitenstechen erscheint jährlich

SEITENSTECHEN
AUSGABE #2 | 2016

Herausgeber
Joseph Felix Ernst
Aura Heydenreich
Philip Krömer
Klaus Mecke

ELINAS

Kulturförderung
der Stadt Erlangen

IMPRESSUM

www.homunculus-verlag.de

Druck und Bindung:
CPI books GmbH, Leck, Germany

Gedruckt in Deutschland auf FSC-zertifiziertem Papier

Schrift für Mengensatz: Bodoni Antiqua
Umschlaggestaltung: Joseph Felix Ernst
Satz: Laura Jacobi

ISSN (Zeitschrift) 2364-7728
ISBN (Ausgabe) 978-3-946120-66-7

Willkommen!

– zur zweiten Ausgabe der Literaturzeitschrift *Seitenstechen.* Zu unserem diesjährigen Thema *Dunkle Energie* suchen wir auf den folgenden Seiten nach den starken Bildern und Ideen des Ungreifbaren, des Dunklen, des Unsichtbaren – wir suchen nach jenen Räumen, in welchen das Erkennbare endet und die Vorstellung einen absoluten Anfang findet, wir suchen nach dem großen Unterdruck im Raum des Begreifens und nach jenen Kräften, die dorthin vorstoßen. Wir blicken weit in die kosmische Nachtschwärze, während uns das Tele- als Mikroskop erscheint und wir deren Gegensätzlichkeit nicht länger erkennen.

Der Physiker wird uns Philosoph und Phantast – und der Phantast Philosoph und Physiker (wenn es da je einen Unterschied gab). Alle Beobachtungen verschmelzen und werden Literatur, welche damit eine ihrer ureigenen Funktionen erfüllt: die Kombination von Kunst und Wissen(schaft).

Das Äthermeer der Literatur durchwaten mit uns in dieser Ausgabe als Mitherausgeber Aura Heydenreich und Klaus Mecke, Gründungsmitglieder des *Erlanger Zentrums für Literatur und Naturwissenschaft* ELINAS. Herzlichen Dank an dieser Stelle für die sehr produktive Zusammenarbeit!

Noch ist uns das Dunkle unbekannt.

Seitenstechen erhellt. Lesen Sie.

die (ständigen) Herausgeber
Joseph Felix Ernst und *Philip Krömer*

INHALTSVERZEICHNIS

LICHT

KRAFT

KOSMOS

VORWORT

DUNKLE ENERGIE IM UNIVERSUM DER SCHRIFT

ZWISCHEN KOSMOLOGIE UND POESIE

95 % der Quellen gravitativer Kräfte im expandierenden Universum sind unbekannt.

73 % davon sind die fiktive Entität der heutigen Kosmologie: die *Dunkle Energie*. Sie scheint notwendig, damit wir das heutige Standardmodell der Kosmologie als gültig annehmen können – doch was sie ist, wissen wir nicht. Ihre Existenz wird nur deshalb postuliert, weil es eine messbare und ihr zuschreibbare Wirkung gibt: die beschleunigte Expansion des Universums.

Der erste Vorschlag für eine Konzeptualisierung der Dunklen Energie fällt bereits in die Entstehungszeit der Allgemeinen Relativitätstheorie. Einstein führte sie 1917 in seine Feldgleichungen mit dem Begriff der *kosmologischen Konstante* ein, um ein statisches Universum zu postulieren. Kurz danach wurde die Expansion des Universums nachgewiesen. Einstein verbannte die kosmologische Konstante wieder aus seinen Gleichungen und soll sie später als »größte Eselei seines Lebens« bezeichnet haben.

1998 wurde sie von der zeitgenössischen Kosmologie erneut eingeführt – unter dem Namen *Dunkle Energie* –, doch nicht, um ein statisches Universum anzunehmen, sondern das Gegenteil: ein beschleunigt expandierendes. Bisherige Versuche der experimentellen Astro- und Teilchenphysik, der Allgemeinen Relativitätstheorie und der

Quantenfeldtheorie, diese zu verstehen, widersprechen einander. Die Dunkle Energie ist damit die größte Unbekannte der heutigen Kosmologie. Könnte man die Natur der Dunklen Energie bestimmen, würde sie uns wertvolle Hinweise auf die vergangene und zukünftige Entwicklung des Universums geben, zu der es bis heute unterschiedliche Szenarien gibt: *Big Bang, Big Chill, Big Rip ...*

»Leerstellen wie diese reizen die Füllungsfreiheit literarischer Schöpfung«, so stand es in der Ausschreibung, die der junge *homunculus verlag* gemeinsam mit dem *Erlanger Forschungszentrum für Literatur und Naturwissenschaften* ELINAS im Februar 2016 veröffentlichte und die auf eine große literarische Resonanz stieß. Zahlreiche zeitgenössische Autoren folgten dem Ruf und sandten Texte ein – dafür sei ihnen an dieser Stelle herzlich gedankt. Die Vielfalt dieser poetischen Texte ergänzten wir um eine Auswahl an Klassikern der Literatur und Naturphilosophie, die den Weg für die kulturgeschichtliche Ikonographie der Dunklen Energie erst eröffneten: Aristoteles, Lukrez, Dante, Maxwell, Poe, Einstein, Lemaître. Den Verlagen, die uns den Textnachdruck freundlich genehmigt haben, gilt hier ebenso unser Dank wie auch unseren ELINAS-Mitarbeitern Alexander Laska, Maria Sawitzki, Stefan Winter, Michael Sinding, Miriam Rückelt und Chiona Hufnagel, die bei der Recherche, Auswahl und Redaktion mitgewirkt haben.

Anlass für Ausschreibung und Auswahl der Texte war die Beobachtung, dass Literatur und Kosmologie traditionell eng verflochten sind und in den Überlieferungen einer gemeinsamen Kultur wurzeln. Brennende Fragen der zeitgenössischen Kosmologie erweisen sich zugleich als alte Topoi der antiken und mittelalterlichen Naturphilosophie:

Woraus bestehen unser Universum, die Materie und die Sterne? Woher kommt die Bewegung? Ist eine Kraft dafür notwendig? Bewegt sich die Erde oder bewegt sich das All?

Die Dunkle Energie geht auf Vorstellungen über das *primum mobile* zurück, den ›primordialen‹, unbewegten Beweger der Himmelssphäre. Mit ihm prägte Platons *Timaios* das mythisch-kosmologische Denken für Jahrhunderte. Aristoteles führte die *Quinta Essentia* ein, das den unbegrenzten Raum ausfüllende ewige Element. Lukrez bestritt dies und verwies in *De rerum natura* auf die energievolle Bewegung von Atomen. Galilei, Kepler und Newton griffen seine Vorstellung einer Einheit des Universums auf und führten sie mit den Gesetzen der Gravitation und der Planetenbewegung sowie dem Relativitätsprinzip weiter. Mit Maxwell und Einstein gewannen *Licht*, *Kraft* und *Kosmos* dann eine völlig neue Bedeutung: Felder und gekrümmte Raumzeiten erweiterten als revolutionäre Konzepte die alten Begriffe.

Damit ist angedeutet, dass man sich der unbekannten Größe namens *Dunkle Energie* physikalisch bzw. naturphilosophisch auf vielfältige Weise nähern kann: über das Licht und sein raumfüllendes Wesen; über die Phänomene der Bewegung und deren Ursachen, der Kräfte und Energien; über die Natur des Welt-Raumes und des Universums. Die Aspekte *Licht*, *Kraft* und *Kosmos* sind natürlich auch in der modernen Physik miteinander verschränkt: Ob das All leer ist oder mit einem Äther ausgefüllt, ob die ›trichterförmige‹ beschleunigte Expansion auf Fluktuationen von Quanten zurückgeht oder ob es einer Quintessenz für die Krümmung der Raumzeit bedarf – das sind Fragen, die gleichermaßen ontologische wie phänomenologische und kosmologische Aspekte berühren.

Licht, *Kraft* und *Kosmos* gliedern als Denkfiguren auch die thematische Auswahl der vorgestellten Texte. Alle drei Aspekte haben einen Bezug zur Transzendenz und stellen Fragen nach der Unendlichkeit des Alls, nach seinem Ursprung und seiner Entwicklung. Kein Wunder also, dass mit Dunkler Energie mächtige ikonographische und metaphorische Bildtraditionen aufgerufen werden: das allwissende Auge Gottes, der Trichter der Hölle und der Erkenntnis, die tanzenden Wirbel des Urchaos. Die neuzeitliche Naturforschung entwarf konkretere mathematisch-physikalische Konzepte für die Bewegung des Alls: Keplers *Mysterium Cosmographicum*, Descartes' Ätherwirbel, Maxwells Äthermodell. So ergänzen quantitative Messungen das ikonographische Repertoire der Kosmologie: das Bild der energiegeladenen Sternenrestwolke, einer vergangenen Supernova, die als Standardkerze der Vermessung des Alls dient; das Bild der kosmischen Hintergrundstrahlung, dem ältesten Licht vom Anfang der Welt; das Bild der Teilchenexplosion, das die Existenz des Higgs offenbart.

Die kosmogonischen Mythen warfen Fragen der Bewältigung des Chaos auf, moderne kosmologische Modelle verfolgen diese Fragen mit anderen Mitteln weiter. Sie alle kehren als Topoi und Tropen in der Literatur wieder. Diese kulturelle Genealogie, in deren Reihe auch Herschels Begriff des *Dunklen Lichts* der Wärmestrahlung und Zwickys *Dunkle Materie* der Galaxienbewegung stehen, wird durch die hier vorgelegte Textauswahl, die notwendigerweise fragmentarisch bleibt, lediglich suggeriert. Die Auswahl zeigt, dass Literatur und Kosmologie in ihren Zugängen und Ansätzen zwar denkbar unterschiedlich sind, aber in ihren Schreibweisen gemeinsame darstellerische Anliegen haben.

Unsere Literaturzeitschrift stellt dem unsichtbaren Universum Fragmente eines Schriftuniversums gegenüber, die das Erstere nicht abbilden, sondern reflektieren, Exempel in Tropen statuieren und ein doppeltes Gefühl des Erhabenen zum Ausdruck bringen: einerseits die Schwierigkeit, das Universum und seine Entwicklung zu fassen, andererseits die Schönheit der physikalischen Theorien und poetischer Kunstwerke, die dies mit je eigenen Mitteln trotzdem versuchen.

Die Dunkle Energie hat in diesem Schriftuniversum eine interessante Funktion: die Leerstelle des *Nicht-Wissens* begrifflich zu markieren und so konkurrierende Diskurse um sie herum zu organisieren. Ihre explanative Dimension bringt zwar Beobachtungen und Postulate des Standardmodells der Kosmologie in Einklang, ihre explorative Dimension, die des *Noch-Nicht-Wissens*, eröffnet hingegen einen imaginativen Raum, in dem unterschiedliche Modelle um die Konzeptualisierung der beschleunigten Expansion konkurrieren. Ausgerechnet die Tatsache, dass die Dunkle Energie noch keine konkrete Referenz hat, ist eine entscheidende Voraussetzung für die Steigerung der Komplexität der wissenschaftlichen und ästhetischen Diskurse, die sie hervorbringt.

Erlangen, im Juli 2016
Aura Heydenreich und *Klaus Mecke*

EINS:LICHT

PLANETARIUM

Dies ist das All im Kinderaugenglanz, ein elektrisches All
Unterm Himmelsdom, im phantasierenden Licht
Des Projektors – wie ausgeblasen bei Stromausfall.
Das sind die Sterne, die Planeten noch einmal,
Versetzt in einen Kinosaal. Sie sind weit näher,
Intimer als da draußen die realen, fast zu Haus.
Vertraut wie Kinderspielzeug, irreal in einem Raum,
Der zwischen Knall und Knall unmerklich expandiert.

Da geht es zu wie unterm Schädeldach. Sie sitzen weit
Zurückgelehnt in weichen Fernsehsesseln, machen *Ahh*
Und machen *Ohh*. Ein Farbencocktail explodiert
Wie im Gehirn unfaßbar Großes oder ein Container
Mit Infomaterial zum Thema Schwangerschaft und Gott.
Laserkanonen zaubern auf die Wölbungen der Kuppeln,
Der kleinen Stirnen Himmelsbilder. Überschwemmt
Von großen Emotionen ist der Mensch bei sich
Im Anblick dieser Sternennebel, Asteroidenstürme.
Hier wird im Zirkusstil das Unfaßbare inszeniert,
Aufstieg und Fall der kleinen Welt, in der wir schalten.

Milchstraßen schießen aus den schwer gepreßten
Brüsten gestresster Götterfrauen. Keiner weiß,
Wo Oben, Unten ist in diesem stroboskopdurchblitzten
Materie-Schaum. Dann hört man dies: Canopus,
Leitstern der Weltraumfähren, war die richtige Adresse.

Denn alles ist erklärbar, Kinder. Laßt es in euch sinken,
Genießt das Hiersein in der einzig feuerfesten Zone.
Zum Glück vergessen haben wir, wie lange das so ging,
In Canyons, Grotten, unterm Kraterrand zu wohnen, ohne
Die Technik sich hinaufzuträumen durch Berechnung,
Hinaus ins All, das von barocken Arien untermalt,
Die Planetarien simulieren. Dies war die Legende
Der einen Galaxie (von vielen), dreizehn Milliarden Jahre alt.

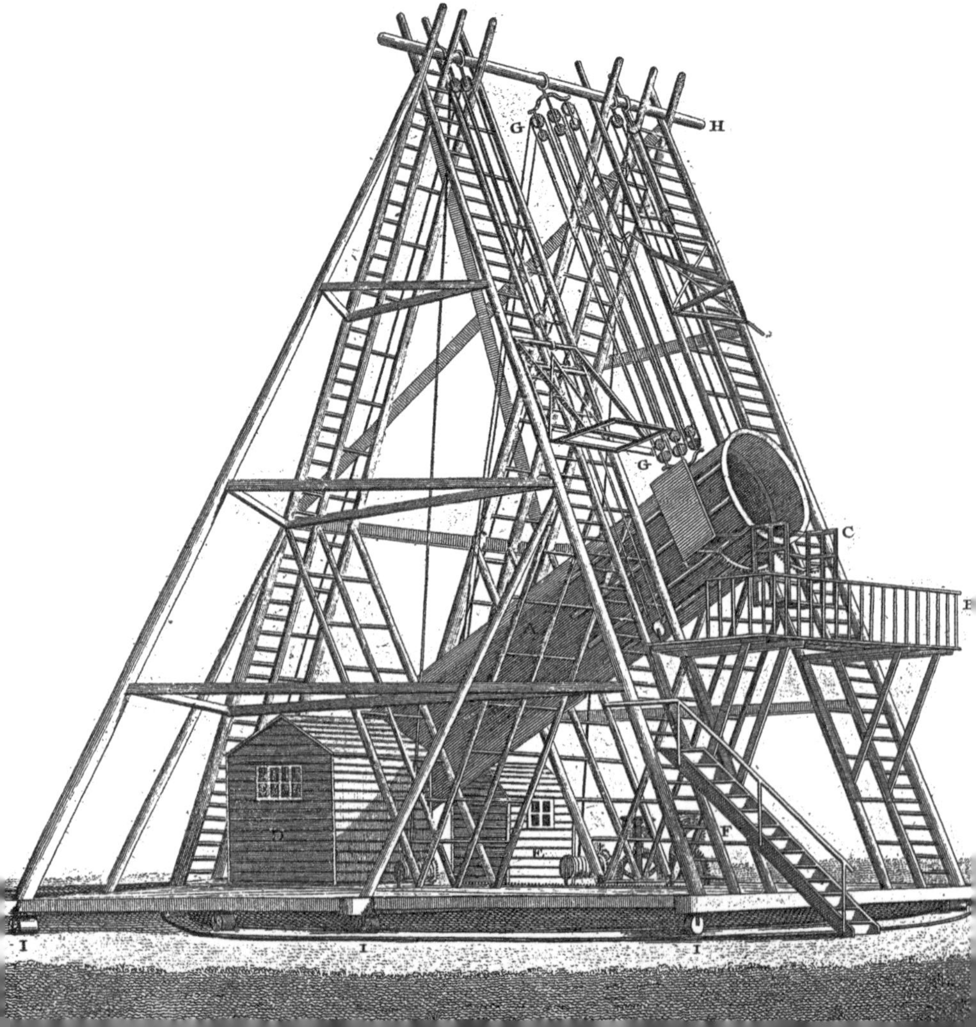
G
H
G
C
F
I
I
I

ÜBER DEN HIMMEL

ARISTOTELES

Wenn es also etwas Göttliches gibt – und das ist in der Tat der Fall –, dann ist auch das, was wir über die erste unter den körperlichen Substanzen geäußert haben, zu Recht gesagt worden.

Dies folgt auch mit hinreichender Gewissheit aus der sinnlichen Wahrnehmung, wenigstens soweit man sich auf die menschliche Überzeugung verlassen kann. In all der vergangenen Zeit hat sich in der Überlieferung, die von Generation zu Generation weitergereicht worden ist, offenbar weder hinsichtlich der Gesamtheit des äußersten Himmels noch hinsichtlich irgendeines der ihm eigenen Teile etwas verändert.

Ja, es scheint gar (sein) Name aus der Zeit der Alten bis in die Gegenwart überliefert worden zu sein: Diese stellten ihn sich so vor, wie auch wir ihn beschreiben; denn man muss es sich so denken, dass dieselben Ansichten nicht ein- oder zweimal, sondern unzählige Male auf uns kommen. Daher nannten sie, in der Überzeugung, dass der erste Körper etwas anderes sei als Erde, Feuer, Luft und Wasser, den höchsten Ort »Äther« (αἰϑήϱ), indem sie den Namen, den sie ihm beilegten, vom Umstand herleiteten, dass er ewige Zeit hindurch stets läuft (ἀπὸ τοῦ ϑεῖν ἀεί). Anaxagoras hingegen verwendet diesen Begriff falsch, da er damit das bezeichnet, was stattdessen »Feuer« heißen müsste.

Deutsch von Alberto Jori.

ERAHNTE, WEIT ENTFERNTE Sonne, Punktsonne, aufgehende, Aufsehen erregende Sonne, die uns aus Nacht modelliert, umsorgende Sonne, Sonnenscheinsonne mit dem reinweißen Licht, in die man nicht hineinschauen darf, durch orange Lider blinzelnde Sonne, aus Gebirgen blühende, Schneeflächen entfachende Sonne, die rosarot nachglimmt, Sonne wie am ersten Tag, zu der wir uns hinwenden, die uns mit warmer Berührung die Bahn führt, Sonne, die immer da war, Zuckergusssonne, auf Sirupfäden gefädelte Sonne im Wattekleid, Sonne mit Facettenaugen, in Vakuolen glitzernd, Halme, Kornblumen, Baumkronen beleuchtende Sonne, goldener Pupillenrand Sonne auf azurblauer Iris, im Wasser der Zinkwanne blinkende, tanzende Sonne, die uns abtrocknet, Bauchnabelsonne, wildlockige, Wellen meißelnde, Körper umreißende Sonne, Sonne, schlank wie ein Strahl aus den Wolken, unsere Oberfläche kräuselnde Applikation Sonne, die sich fortschreibt in Forellen, Libellenflügeln, Quallen, heruntergeladen aus dem All, Sommersprossensonne, somnambule Sonne auf Traumfluren, Deichen, Sonne mit Flaum bewachsen, akrobatische, aromatische Sonne, die sich zurückhält, ziert, mit hellen und dunklen Stellen bezaubernde Sonne, die uns hervorlockt, einfügt in die Farbtonleiter der Planeten, Bienenstock Sonne, erratische, verirrte Sonne, angebetete, unerreichbare Sonne, Zungenschlagsonne,

viel größer als unsere Vorstellung davon, blendende,
am Himmelssaum wendende Sonne, fruchtbare,
verzehrende, in jeder Wölbung wiederkehrende Sonne,
überbelichtete Sonne, die ausfranst, sich ergießt,
Sonne aus Pflaumenblüten, aus der Mitte entsprungen,
sich spreizende, reizende Sonne mit dem schwarzen
Strahlenkranz, eruptive, leckende, unregulierbare Sonne,
Sonne so durstig, Pfirsichkern Sonne, intime Sonne aus
geriffeltem Duft, Sonne mit dem Sonnenfell, die uns
einschließt, eifersüchtige, streitsüchtige Sonne, Einzelkind
Sonne, sich vermehrende, verheerende, immer noch
heißere Sonne, Sonne, konvulsivisch und eizellenrund,
Muttermund Sonne, gleißende, kreißende Sonne, um
die wir uns winden, feiste Sonne, satte, dreiste Sonne,
scharf riechende, egoistische Sonne, die rücksichtslos
lacht, an der wir uns verbrennen, saugende, säugende
Sonne, von der alles herrührt, Treibsandsonne, fesselnde,
einschneidende Sonne, Raumsonde Sonne, die ihr Myzel
um uns legt, sich im Schwarzlicht wiegende, hypnotische
Sonne, es gibt nur dich Sonne, pulvrig eingezogene, in die
Vene gespritzte Sonne, die sich die Lippen nachzieht, sich
abwendet, verfinstert, Alibisonne, verfluchte, vermisste
Sonne, manische, ins Leere gerannte, ausgebrannte
Sonne, entzündete, asthmatische Sonne, grassierendes
Schadprogramm Sonne, wucherndes Datenmeer aus
grellen Schichten Nichts, unberechenbare, gewalttätige

Sonne, die uns entgleitet, Sonne in weißen Nächten,
alles verstrahlende, zermahlende, tollwütige Sonne, in
Eingeweiden beißende, kalten Schweiß treibende Sonne,
Megaterawattsonne, Maschinensonne, repetierende,
automatische, rasende Sonne, pumpender Stechapparat,
Rasiermesserrand Sonne, Höre-nicht-auf-Sonne, Sonne!,
Sonne, rund wie ein Loch, die es von hinten braucht,
vorglüht, Flagellantin Sonne, würgende, glasige Sonne
über dem Notausgang, Sonne des Jüngsten Tags,
festgebundene, geschundene Sonne, die purpurn anläuft,
Sonne, von Nadeln durchstochen, die so eine Sonne
sein will, plötzlich befreite, schreiende Sonne, gedehnte,
empfindlich zuckende Sonne, strömende Sonne, die
überall hinreicht, Puls für Puls Sonne, ungefilterte,
hoch konzentrierte Sonne, die sich in uns entpackt,
ausrollt, Sonne, sich selbst genug, auf erdfernen Ebenen
schwebend, Sonne mit tausend magischen Dingen in
tausend Händen, im Tau funkelnde, auferstandene Sonne,
Silberstreif Sonne, reife, an Herbst grenzende, glänzende
Sonne, andächtige Sonne domkuppelrund, imitierte, in
Brütern brütende Sonne, Sonne über photovoltaischen
Zellen, Teeplantagen, Kakao-, Tabak-, Kaffeesonne,
Mohnsonne, Hopfen und Wein speisende Sonne, Sonne
über Landstrichen, Landeplätzen, Sämannsonne
aus körnigem Gelb, noch einmal wie früher Sonne,
Glutamatsonne, unbeständige Umrisse der Erinnerung
zeichnende Sonne, struppige, mit verfilztem Haar Sonne,
frisch operierte, milchige Sonne hinterm Nebelverband,
ersten Reif streifendes Kupferknäuel Sonne, das sich
abwickelt, eine Elster auf dem Schneezaun umflutende
Sonne, hinter Bewusstseinsböschung verlöschende,

melancholische Sonne, verlass uns nicht, gehe nicht
unter Sonne, umlaufendes Signal Sonne, das leiser
wird, überfriert, sich in Kristallen bricht, Schädelsonne,
uns segnende Sonne, die aus Aufnahmen schimmert,
imaginäre, nur noch eine Formel Sonne, die sich restlos
auflöst, bis eben in uns, jetzt nicht mehr wahrnehmbar

GABRIELE FRINGS

STERNDEUTER (HEUTE IM MARSEXIL)

reduziert auf unsere Fingerkuppen
das Relief aus Licht synergetische
Defekte knüpfen wir an Kometen-
sonden im Mischungsverhältnis
250 ml Weingeist 1 Essl. Essig verlieren wir
uns am aussondierten Himmel

weder wasser- noch landfest (was waren wir
für Amphibien!) wohnen wir in der Angst
vor unbeschrifteter Nähe
füllen sterilen Atem in Flaschen
dahinter das Mondgerippe verzerrt
zum Spiegel ein Stieren ein
Reflektieren bricht aus
dem nachtschwarzen Käfig

im Lichtkegel der Gedanken wird
sichtbar die Unwissenheit der Sterne
die wir wie nichts
vermissen

(Die ESA-Raumsonde Rosetta setzte am 12. November 2014 den Lander Philae auf dem Kometen Tschurjumow-Gerassimenko ab.)

LORD BYRON

DUNKELHEIT

ÜBERSETZT UND NEU ARRANGIERT VON PHILIP KRÖMER

I

Mein Traum war nicht vollends Traum. / Die Sonne verloschen, die Sterne / wandern dünkelnd durchs ewige All, / strahllos & pfadlos und die Eiserde / zwirbelt blind & blöd im Mondlosen. / Morgen für Morgen geht & kommt & führt keinen Tag mit sich / und der Mensch lässt alles Streben fahren angesichts / der Verwüstung. Aller Herzen / gefrieren im selbstsüchtigen Gebet (gib Licht!).

II

Ein Leben an Lagerfeuern – Throne, / Paläste kronhäuptiger Könige – Hütten, / alles Heim alles Kreuchenden, / verbrannt zu Leuchtfeuern. Städte aufgezehrt / und der Mensch versammelt sich ums glosende Zuhause, / sich selbst ins andere Gesicht zu blicken. / Glücklich, die kampieren am Auge des Vulkans, / ihres Fackelbergs. / Angst war in der Welt und angstvoll alle Hoffnung. / Wälder inflammiert – sie schrumpfen / Stund für Stund – und knackendes Gestämm / zerstäubt mit Krach – Schwärze allerorten.

III

Im niederen Feuer gemahnt das Menschengesicht / an Außerirdisches, wenn das / Flackerfackeln es erwischt. Einer drückt das / Gesicht in den Boden und heult. Einer stützt das Kinn / in die geballte Faust und grinst. / Ein anderer eilt hin & eilt her, füttert das / Grablicht mit Feuerholz, schaut / mit irrlichterndem Blick auf zum düsteren Himmel, / dem Bahrtuch bisheriger Welten. Dann wieder / schleudern sie sich fluchend in den Staub, / sie bellen & fletschen: wild vogelschreien, / die da panisch den Boden abflattern, / mit unsinnigen Flügeln knattern. Böse Bestien / werden zitternd zahm. Geschlängl ringelt / sich ins Füßestampfen, / zischend zahnlos – wird erschlagen für den Happen. / Und der vergessene Krieg / überfrisst sich wieder einmal.

IV

Eine jede Mahlzeit / blutbesudelt, ein jeder speist für sich, würgt die Bissen allein / im dunklen Abseits hinunter: von der Liebe lässt niemand etwas übrig. / Das ganze Erdenrund dachte nur das Eine: vom Tod, / hier & jetzt & ruhmlos. Das Ziehen / des Hungers dehnt die Därme – der Mensch / stirbt und sein Knochen bleibt unbegraben wie sein Fleisch. / Hungerhaken verspeist Hungerhaken, / der Hund sogar schlägt den Herrn. Nur einer nicht, / der hält einem Kadaver die Treue, hält / Vogel & Biest & Aasmensch auf Abstand, / bis der Hunger sie erwischt oder andere Tode / ihre mahlenden Kiefer locken. Er selbst denkt nicht ans Futter, / vielmehr das: stirbt mit erbarmungswürdigem & ewigem Winseln / und einem kurzen Verzweiflungsschrei, einem Geleck / der Hand, die seine Liebkosung nicht erwidert.

V

Der Mensch hungert Stück für Stück weg. Zwei nur / aus Metropolis überleben / und sind sich spinnefeind: treffen sich / bei der verlöschenden Glut eines Altars, / wo massig Heiliges geschichtet liegt / zum unheiligsten Gebrauch. Sie raffen sich auf und / kratzen schlotternd grause Asche / mit kalter Skeletthand zusammen, ihr schwacher Atem / pustet nach Leben, es züngelt eine Flamme auf, / die mehr als alles ein Hohn ist. Sie heben den Blick / ins Lichtlein und sehen: / den jeweils anderen – sehen & schreien & sterben – / sterben an der Scheußlichkeit des jeweils anderen, / unwissend, wem der Hunger da *Dämon* / quer ins Gesicht geschrieben hatte.

VI

Und leer ward die Erde, / die Bevolkte & Kräftige ist ein Geschwulst, / zeitlos, fruchtlos, baumlos, menschlos, leblos – / ein tödliches Geschwulst – ein Labyrinth gebackenen Lehms. / Fluss & See & Meer stehen / und nichts rührt in ihren stummen Tiefen. / Ungeführte Schiffe vermorschen auf dem Wasser / und die Masten bröckeln stückweis. Gesunken / schlummern sie dann unbewegt von Flut & Ebbe im tiefsten Abgrund – / tot die Wellen, dahingeschieden die Gezeiten, / da Luna, ihre Meisterin, ihr Leben ausgehaucht hatte. / Welk der Wind in unbewegter Luft / und die Wolken zerflogen. Denn die Dunkelheit / bedarf nicht länger ihrer Hilfe. Denn: sie ist das All.

P H A S E N G R E N Z E N

da steht einer im hintergrund der schaut genau auf linie also eins zwischen locker und null erstarrt auf phase da reicht manchmal ein hauch und alles gefriert oder expandiert im umkehrpunkt nur um so mehr zwischen zwei drei geistigen grenzen die leere

D U N K L E M A T E R I E

der Sand das Wasser die Sonne alles Atome im Schuldenken der 80er Jahre nur heute klettern wir auf Stahlgerüste und wiegen das Ganze mit Leuchtgasen und unsichtbaren Planeten die sie kreuzen also rein wissenschaftlich betrachtet handelt es sich nicht um Objekte oder eine Art von Materie sondern um einen uns gänzlich unbekannten Stoff

*LICHTBIEGUNG

also brüchig oder etwas da-
zwischen
schleichend Schwarz

auf leisen Sohlen
Kaltmetall
das in den Gaumen schal schmeckt

kühl und irgendwie
nach jüngstem Tag

heute, kann ich alles leben
aufgeklappt

und auch dahinter bin ich Licht
wie hinter einer Linse

**Gravitationslinseneffekt*

IN EINEM STAUBKORN

jetzt sehe ich schon das All explodieren kompakt ein Staubkorn ganz auf Stunde null gestellt wie Hindergrundstimmen die ständig zu mir flüstern in einem Echo von Flügelschlägen der ganz Alten zu Beginn auf ihren Wegen die sich Dunkelspuren legten und zum Morgenstern verdichteten

*IM DUNKLEN FISCHEN

wenn ich fische, fische ich
dir den Sternenhimmel im
Plusquamperfekt

mit den sieben Sternen
hinter sieben hohen Bergen
über Berg und tiefen Tiefen

wo wir ...

verliefen zwischen
Raum und leisem Rufen

hörst du, siehst du mich
vielleicht

** oder auf der Suche nach der Dunklen Energie*

DIE KRITISCHE DICHTE

er steht an einer Tafel schreibt auf schwarzen Grund ein Wort wirkt sehr geheimnisvoll den Urgrund des Universums wie Goethe es so nannte der denkende Mensch dichtet sich die Zeilen zusammen und meint damit anscheinend die kritische Dichte zwischen purem Zufall und dunklem Etwas bis es ihn urplötzlich überkommt; was für ein Gedicht

* D U R C H F L U G

gestern war im Licht noch all das Schöne verborgen heute steht die Dunkelheit auf Nummer eins sie grüßt mich nicht sie schaut mir nicht mehr hinterher und selbst mein Lachen lässt sie kalt mir bleibt nur noch der Untergrund und ein Fünkchen Hoffnung dass sie sich bald meldet beim Durchflug mittels Hitzesignatur

**Messung dunkler Materie im Untergrund zur Abschirmung kosmischer Strahlung*

KAPITEL XII – 32
DIE KINETIK DER LÜGEN

OLAF TRUNSCHKE

Die Kälte kroch von den Füßen herauf, kam von den eisigen Händen, als wüchse in mir ein Gletscher. Gelenke und Muskeln schmerzten wie nach einem Monstermarsch. Gerade schaffte ich es noch ins Bett, schon zitterten Arme und Beine.

Ich träumte von Weiß. Viel Weiß. Von einem im Eis gefangenen Schiff, von einer Verfolgung im Schnee. Nach Mitternacht schreckte ich auf, schweißnass, wankte ins Bad. In meinem Schädel tobte ein Sturm. Jetzt einen kräftigen Schluck Laudanum, spukte es mir durch den Kopf. – Schon versank ich wieder im fahlen Weiß.

Ein eisiger Wind, kein Stoff hielt ihn auf. Ich spürte meine dicke Jacke nicht mehr. Etwas hetzte mich dahin ... Hinab und hinauf. Weiß. Nur Eis und Schnee. Frost auf der Haut. War ich der Jäger? Wurde ich gejagt?

Ich erwachte erst gegen Abend. In meinem Kopf dröhnten berstende Eisberge. Die Grippe zerrte an mir, hielt mich mit ihren Fangzähnen.

Am Vortag waren wir im Tunnel gewesen, am Ring. – Der kälteste Ort des Kosmos, wenn die Maschine läuft: −271,3 Grad Celsius, knapp zwei Grad über absolut Null.

Es begann wie im Thriller: Iris-Scanner am Lift, die Maschine sah mir tief in die Augen. Dann ging es hinunter ... Maria und ich trugen weiße Helme.

Einen Monat hatte das Aufwärmen gedauert. Jetzt begann die Fahndung nach dem Fehler. Einen Monat wird es dauern, den Koloss wieder abzukühlen: mit flüssigem Stickstoff zuerst, dann wird hyperfluides Helium die Spulen in Supraleiter verwandeln. Die riesigen Magnete schrumpfen dabei um mehrere Zentimeter.

Blaue Stahlträger, Treppen. Ein Wirrwarr an Kabeln: rot, gelb und blau. – Das Uhrwerk der Zeitmaschine. Der Tunnel selbst voller Technik. Neben dem Ring ein schmaler Weg, gelegentlich begegneten uns Radfahrer.

Lange, hatte Maria da unten erzählt, glaubten wir, das Universum bestünde nur aus Materie, wie wir sie kennen: Atome – aufgebaut aus Elektronen, Protonen und Neutronen, die wiederum alle aus Quarks bestehen. Ein Irrtum ... – Die Materie, die wir sehen und messen, macht nur vier Prozent des Universums aus. Der Rest: ein großes Rätsel. Dunkle Materie. Dunkle Energie. – Wir tappen gleichsam im Dunkeln.

Ohnehin sehen wir die Teilchen nie wirklich, sondern nur ihre Spuren. Es ist, als jagten wir einem Monster hinterher, aber alles, was wir zu sehen bekommen, sind Fußabdrücke im Schnee.

Natürlich können wir nur etwas finden, für das wir Messgeräte haben. Den dunklen Kräften des Kosmos ist auch Atlas nicht gewachsen. Da hätte er einen Blackout. – Sollten wir einmal gar nichts sehen, könnte es also Dunkle Materie sein. Oder ein Schwarzes Loch. Oder weiß der Teufel ...

Ich schleppte mich in die Küche. Vom Bett bis zum Herd waren es nur fünf Schritte. Maria hatte die Tür ausgehängt und durch einen Vorhang aus hölzernen Perlen ersetzt. Es war kurz vor sechs Uhr. Der Tag – verschlafen.

Maria hatte mir einen Zettel an den Spiegel geklebt: Die üblichen Grippetipps, dazu ein gemalter, dicker Kuss. PS: Der kleine Gelbe komme heute zum Autodoktor ... – Seit dem Geisterabend hatte der Streetka nur noch geächzt, sich aber kein Stück mehr gerührt. Maria musste die Tram nehmen ...

Ich brühte mir einen Tee, ließ Wasser in die Wanne mit den geschwungenen Füßen. Die Grippe hatte ich mir wohl durch die kalte Brause in Coppet geholt. Dazu der Fahrtwind. Wie immer hatte ich geglaubt, mich werfe nichts aus der Bahn. Schon gestern im Tunnel stand ich auf wackeligen Beinen, war mehr gewankt als gelaufen. Die Zombies, denen wir begegneten, grüßten freundlich, wie wir trugen sie weiße Helme.

Die Welt hatte mir vor den Augen geflackert. Lag es am Fieber? Heiß und Kalt. Der Ring – kälter als der leere Raum zwischen den Sternen. Der neunte Kreis der Hölle. Spulen aus Niob und Titan – Magnete, 100000-mal stärker als das Magnetfeld der Erde. Luzifers Reich. Genf macht verrückt ...

Sprachlos stand ich vor dem Detektor: zehn Stockwerke hoch, riesig wie eine Kathedrale. Diente er nicht dem gleichen Zweck? –

Wir glauben, die Welt gehorche sinnvollen Regeln. Und wir, wir könnten sie verstehen ...

Unsere Weltbilder, sagte Maria, werden immer abstrakter. Früher waren das klassische Gemälde: Elektronen, die wie Planeten um ihren Kern kreisen: jedes Atom ein kleines

Sonnensystem. Jedes Staubkorn ein eigener Kosmos. – Ein schlichtes, klares Bild. Schön wie alles Einfache ...

Natürlich hatte dieses Modell hässliche Fehler: die Größen waren falsch, die Maße stimmten nicht. Natürlich ziehen Elektronen ihre Bahn nicht auf festen Kurven. – Eher huschen sie dahin wie die Schatten auf den Mauern und dem Dach von Saint-Pierre. Und fast die ganze Masse des Atoms befindet sich im winzigen Kern, zigtausendmal kleiner als die Hülle. Winzig wie eine Note im Gesangbuch, irgendwo auf einer der alten Kirchenbänke. Dazwischen, zwischen Notenblatt und Kirchendach: Leere ...

Später haben wir uns das Elektron als Welle vorgestellt: ein aufgewühlter Ozean über einem winzigen Planeten. Eine Welle, die den Kern umspült, sich selbst auslöscht oder aufpeitscht ...

Die Wahrheit ist: Wir haben keine Ahnung, was ein Elektron ist. Wir kennen ein paar messbare Werte: Masse, Ladung, Spin ... – das ist alles. Je weiter wir vordringen ins Allerkleinste, umso weniger bleibt: zuletzt nur Felder und Kräfte. Unsere Modelle sind pure Fantasie: Dichtung in der Sprache der Zahlen. –

Auch die Baumeister der Dome und Kathedralen haben Maschinen gebaut, die Antwort geben sollten. Die Gläubigen traten vor den Altar, so wie wir vor die Monitore.

Plötzlich war es Nacht. Ich schlurfte zum Fenster. Die Straße war dunkel, in den Häusern auf der anderen Seite leuchteten die ersten Kerzen. Kein Strom, so schien es, in der ganzen Stadt.

Manchmal, in solchen Momenten, überfällt mich das Gefühl: Häuser, Straßen, Autos: das alles sei nur eine Kulisse –

aufgestellt, um etwas Grauenvolles zu verbergen. Klingt nicht das Quietschen der Tür wie ein Schrei? Das Röcheln der Heizung ...

Tote wandeln durch die Straßen, verweilen vor den Auslagen, tasten nach der Börse mit dem Geld: eine dunkle Macht, die ihnen für ein paar Stunden den Anschein von Leben schenkt.

Das Handy fauchte mich an: Maria sagte, sie komme später. Es gäbe ein paar Probleme. Schon hatte sie aufgelegt ...

Ich setzte mich ans Notebook, der Akku zeigte noch sechzig Prozent. Sicher würde es schon Meldungen geben, aus dem Kraftwerk oder anderswoher ... – Aber der Router, der sonst freundlich zwinkerte, sah mich an mit leeren, schwarzen Augen.

Gut, dass Maria zur Romantik neigte: Die Kerzen lagen im Fach über den Büchern, daneben die Hölzer. Ich entzündete einen Stummel und tastete mich ins Bad. An der alten, eisernen Badewanne hatte ich mir in der ersten Nacht das Knie geprellt ... Das Licht stellte ich auf die Ablage. Beim Händewaschen blickte ich wie gewohnt in den Spiegel, betrachtete die Schatten unter den Augen, noch dunkler als sonst. Zog eine Grimasse. – Er grinste zurück, ein höhnischer Schalk. Ich sah die Falten um Augen und Mund, die Furchen von der Nase zum Kinn – feine Narben und Nähte. Im schrägen Schein der Kerze, einem Flackern aus der Hölle herauf, blieb kein Zweifel.

Das Kapitel stammt aus dem Roman *Die Kinetik der Lügen*, der im August 2016 im *homunculus verlag* erscheint.

PARADIES | ZWEITER GESANG

Ihr alle, die ihr meinem Schiff in schmalem Kahn gefolgt seid und hören wolltet, wohin es singend fuhr,

kehrt besser jetzt zurück zu euren Küsten; wagt euch nicht aufs offene Meer, denn ihr könntet, wenn ihr mich verliert, doch in die Irre geraten.

Die Wasser, die ich jetzt wähle, wurden noch nie befahren; Minerva schickt den Wind, Apollo führt mir das Steuer, und neun Musen zeigen mir die Himmelsrichtung.

Ihr wenigen aber, die ihr früh schon den Hals nach dem Brot der Engel gereckt habt, von dem man auch hier lebt, doch nicht gesättigt wird,

ihr mögt nun wohl euer Fahrzeug in die hohe Salzflut setzen und immer auf meine Kielspur achten, bevor die Wasser sich wieder schließen.

So erstaunt, wie ihr es sein werdet, waren nicht einmal jene Berühmten, die einst nach Kolchis fuhren und dort sahen, wie Jason zum Ochsentreiber wurde.

Der uns mitgegebene unstillbare Durst nach dem gottgemäßen Reich hatte uns nun nahezu ebenso schnell nach oben gebracht, wie ihr euch den Himmel bewegt denken könnt.

Beatrice blickte hinauf, ich blickte auf sie; und in so kurzer Zeit vielleicht, wie ein Bolzen sich von der Nuss löst und fliegt und auftrifft, sah ich mich schon dort angelangt, wo etwas Erstaunliches meine Blicke auf sich zog. Weshalb denn sie, der meine Neugier nicht verborgen bleiben konnte,

sich mir zuwandte, und war dabei so freudevoll wie schön: »Denk dankbar an Gott«, sagte sie. »Er hat uns zum ersten Stern gebracht.«

Mir kam es vor, als hüllte uns eine Wolke ein, leuchtend, dicht, fest und glatt, fast wie Diamant, auf den die Sonne fällt.

Das unwandelbare Edelgestein nahm uns in sich auf, wie Wasser einen Lichtstrahl aufnimmt und dabei eins bleibt.

Wenn ich denn noch ein Körper war und man hier unten sich nicht vorstellen kann, wie etwas Ausgedehntes ein anderes in sich duldet, was ja sein müsste, falls ein Körper sich in einen anderen schiebt,

so musste sich darüber erst recht der Wunsch einstellen, jene Wesenheit zu erschauen, in der unsere Menschennatur und Gott sich vereint haben.

Dort oben wird man sehen, was wir hier nur glauben können, ohne weiteren Beweis, es wird sich vielmehr von sich aus zu erkennen geben, wie eine Grundwahrheit, die der Mensch glaubt.

Ich antwortete: »Hohe Frau, so ergeben, wie ich nur kann, danke ich ihm, der mich aus der sterblichen Welt geholt hat.

Doch sagt mir bitte: Was sind die dunklen Flecken, die dort unten auf der Erde die Menschen zum Fabulieren über Kain bringen?«

Sie lächelte ein wenig und erwiderte dann: »Wo doch das Meinen der Sterblichen irrt, sobald die Sinne nicht mehr als Schlüssel öffnen,

solltest du dich nun nicht allzu sehr verwundern, denn den Sinnen folgend hat der Verstand nur kurze Flügel.

Aber sag mir, was du von dir aus darüber denkst.« Darauf ich: »Was uns hier oben verschieden hell erscheint, kommt, denke ich, von der verschiedenen Dichte der Körper.«

Und sie: »Du wirst erleben, dass deine Annahme in sich zusammenfällt, wenn du erst hörst, welche Argumente ich dagegen ins Feld führe.

Die achte Himmelssphäre bietet uns viele Lichter dar, bei denen sich in Beschaffenheit und Größe starke Unterschiede feststellen lassen.

Läge dies nur an geringerer oder größerer Dichte, so hieße das ja, in jedem von ihnen befände sich ein und dieselbe Wirkkraft, nur ungleich verteilt.

Unterschiedliche Wirkkräfte müssen aber die Frucht unterschiedlicher Formprinzipien sein, und diese würden nach deiner Denkweise alle bis auf eines aufgehoben.

Außerdem, wenn die wechselnde Dichte der von dir erfragte Grund für die dunklen Flecken wäre, dann müsste dieser Planet ja entweder an diesen Stellen durchgehend

ausgedünnt sein oder aber, wie bei einem Tierkörper Fettes und Mageres verschieden verteilt ist, müssten bei ihm verschieden dicke Schichten abwechseln, ähnlich wie es bei einem Buch sein kann.

Träfe ersteres zu, müsste dies bei einer Sonnenfinsternis deutlich werden, denn das Sonnenlicht schiene dann wie bei etwas anderem Dünnen hindurch.

Das ist aber nicht so. Also ist noch das zweite zu prüfen. Und sollte ich auch dieses ausschließen können, so wird deine Ansicht gänzlich widerlegt sein.

Ist diese Ausdünnung nicht durchgängig, dann muss es eine Grenze geben, jenseits derer ihr Gegenteil nichts mehr durchlässt

und von wo der Sonnenstrahl zurückgeworfen wird, wie Farbe durch Glas zurückkommt, wenn dahinter Blei angebracht ist.

Nun wirst du sagen, der Lichtstrahl sei dort dunkler als an anderen Stellen, weil er von weiter her zurückgeworfen werde.

Von diesem Einwand kann dich ein Experiment abbringen, wenn du es denn unternehmen willst, eines von denen, die die Quelle eurer Künste sind.

Nimm drei Spiegel; zwei davon stellst du in gleichem Abstand von dir auf, den dritten in größerer Entfernung und so, dass dein Auge ihn zwischen den beiden ersten erblickt.

Jetzt wendest du dich diesen dreien zu, hast aber zuvor in deinem Rücken ein Licht aufgestellt, das alle drei Spiegel erhellt und dir von ihnen zurückgespiegelt wird.

Obwohl nun das weiter entfernte Spiegelbild der Quantität nach schwächer ist, wirst du dort doch sehen, dass es in gleicher Weise leuchtet.

Also, wie beim Auftreffen der warmen Strahlen auf den Schnee das Darunterliegende von Weiß und Frost freigelegt wird, so steht es auch nun mit deinem Verstand, und daher will ich ihn dir jetzt einformen mit so klarem Licht, dass es dir vor Augen schimmern soll:

Im Innersten der göttlichen Ruhe ist ein Himmelskörper in drehender Bewegung, in dessen Kraft das Sein all dessen beschlossen liegt, was er enthält.

Der folgende Himmel, der so viele Sehstellen hat, verteilt diese Seinskraft auf die verschiedenen Wesenheiten, die von ihm gesondert, doch in ihm enthalten sind.

Die nächsten Sphären setzen dann auf verschiedene Art die besonderen Kräfte, die sie in sich bergen, für ihre Aussaat und ihre Wirkungen ein.

Diese Weltorgane folgen, wie du nun siehst, aufeinander von Stufe zu Stufe, sie nehmen von oben und geben nach unten.

Und jetzt gib gut acht, wie ich damit zu der Wahrheit gelange, die du wissen möchtest, damit du anschließend allein durch die Furt kommen kannst.

Bewegung und Wirkkraft der heiligen Kreise müssen ihnen, nicht anders als dem tätigen Hammer vom Schmied, von den seligen Bewegern eingegeben werden;

und derjenige Himmel, den so viele Lichter schmücken, entnimmt dem tiefen Geist, der ihn bewegt, das Abbild und macht sich seinerseits zum Siegel dafür.

Und wie die Seele in eurem dem Staub geweihten Körper sich über verschiedene Glieder verteilt, denen verschiedene Fähigkeiten zugeordnet sind,

so verteilt der Geist seine Kraft vielfach über die Sterne, doch wahrt er im Kreisen seine Einheit.

Vielfältige Kraft geht nun vielfältige Verbindung ein mit dem Körper höheren Ranges, den sie belebt und mit

dem sie sich so verbindet, wie es der Lebensgeist mit euren Menschenleibern tut.
Dank der freudigen Natur, von der sie ihren Ausgang nimmt, leuchtet die Kraft, die mit dem Sternkörper eins wird, wie Freude in glänzenden Augen.
Von ihr rührt mithin her, was von Stern zu Stern wechselnd erscheint, nicht von einem Dichteren oder Dünneren; sie ist das Formprinzip, das je nach seiner Stärke Dunkleres oder Helleres hervorbringt.«

Übersetzt von Hartmut Köhler.

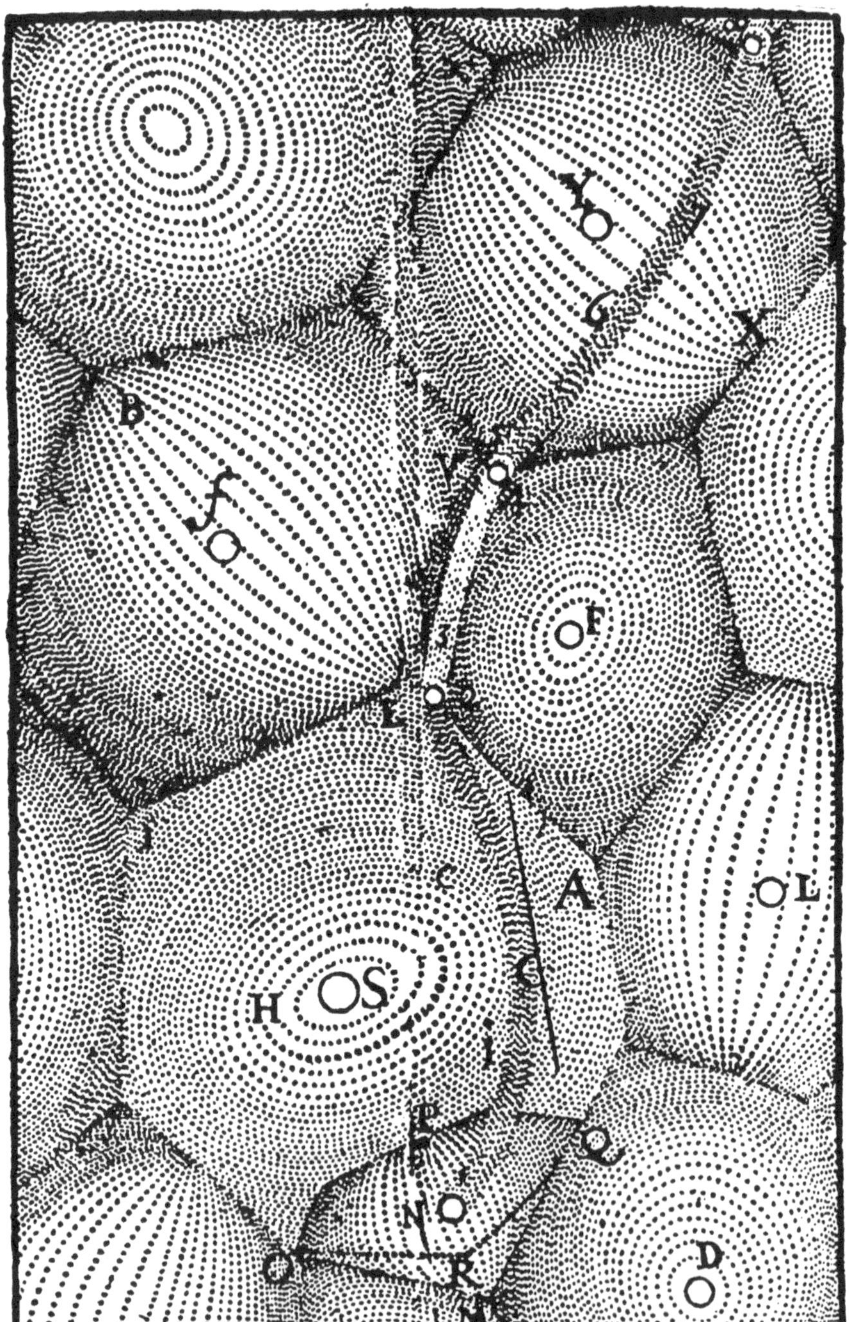

ÄTHERMODELL DES RENÉ DESCARTES

IM ÄTHERWIRBEL

ROBERT KRAFT

Bisher: Stapellauf des ersten Weltallschiffes & Besichtigung des Mondes

Jetzt lassen wir Richard und die Weltallschiffer die Reise nach dem Mars fortsetzen.

Sie hatten sich in wenigen Stunden schon so weit von dem kleinen Monde entfernt, dass dieser die Sonne nicht mehr zu verdecken vermochte, das Weltallschiff sich also auch nicht länger in Dunkelheit bewegen durfte.

Wieder umgab die kühnen Mannen ein ewig heller Tag.

Es waren zwanzig Stunden vergangen, seitdem sie den Mond verlassen hatten, als sich erst die Offiziere und dann auch die Matrosen untereinander aufmerksam machten, dass es doch recht düster würde. Es war wie ein Nebel, der sich rings um den Almitball bildete. Er wurde immer dichter, und dann kam noch etwas dazu, was die Offiziere und schließlich alle in die höchste Bestürzung versetzte, Erstere, weil sie sich den Grund der Erscheinung nicht erklären konnten, Letztere, weil diese ihnen bald sehr unangenehm werden sollte.

Zuerst rutschte ein Glas vom Tisch, dann fielen noch andere Gegenstände, die nicht befestigt waren und auf einer glatten Unterlage standen, herab. Ein Blick auf die Instrumente belehrte, dass sich das Schiff auf die Seite neigte. Das war schon sehr besorgniserregend.

Es wurde immer dunkler und die Neigung nahm immer mehr zu, stets nur nach der einen Seite hin. Vorkehrungen, um alles zu befestigen, waren vorhanden, man tat es; dabei konnte man sich aber selbst kaum noch auf dem schrägen Boden halten, zuletzt lief man auf der Wand, dann stand man auf der Decke, über sich den Boden, und diesmal war das keine Sinnestäuschung wie damals. Jetzt hingen die Möbel wirklich oben und man stand auch noch aufrecht, nur dass das Unterste zuoberst gekehrt war.

Dabei nahm die Schnelligkeit dieser Drehung immer mehr zu, stets nur nach der einen Seite hin. Das kugelige Schiff begann zu rotieren, schon stürzten die Männer übereinander und zogen sich Verletzungen zu.

Schließlich konstatierten die Offiziere und Gelehrten auch noch, dass sie von einer unbekannten Macht aus dem Kurse gelenkt wurden, und zwar zeigten die Instrumente eine ungeheure Schnelligkeit an, über neun Meilen in der Sekunde.

Und immer schneller wurde mit zunehmender Dunkelheit die Rotation, schon konnte man ihr nicht mehr folgen.

»Haltet euch fest, klemmt euch ein!«, schrie Richard.

Er selbst zwängte sich mit Beinen und Armen in ein durchbrochenes Geländer, das Blut stieg ihm zu Kopf, dann verließ ihn die Besinnung.

Wie er wieder zu sich kam, beschäftigten sich einige Offiziere und Matrosen mit ihm und befreiten ihn aus seiner eingekeilten Lage. Es war wieder heller Tag, die Rotation vorüber, aber schon aus den Mienen der ihn Umstehenden erkannte Richard, dass sie nicht ohne böse Folgen geblieben war.

Zunächst nahm er die Meldung des ersten Offiziers entgegen, der ebenfalls ohnmächtig gewesen, aber schon längere Zeit bei Besinnung war. Über drei Stunden hatte die Rotation gedauert: allmählich, wie sie begonnen, hatte sie dann wieder aufgehört; ebenso langsam war der Nebel wieder gewichen. In dieser Zeit hatte das Weltallschiff 33 748 Meilen zurückgelegt, jetzt steuerte es den alten Kurs, aber – mit 13 Leichen an Bord, darunter der Zweite Offizier, 42 Verkrüppelten oder Schwerverwundeten und 104 Leuten, die mindestens Quetschungen davongetragen hatten. Kurz, verschont war niemand geblieben und die noch Lebenden hatten ihre leichten Verletzungen nur dem Umstand zu verdanken, dass sie sich, freiwillig oder unfreiwillig, irgendwo festgeklammert hatten, oder aber – das konnte jedoch nicht mehr konstatiert werden – dass sie bei der kolossalen Umdrehungsgeschwindigkeit nach dem Gesetze der Zentrifugalkraft an den äußeren Wänden kleben geblieben waren.

Die Verwundeten wurden gebettet, die Leichen in der Ätherkammer der Weltallkälte preisgegeben. Gesetzt nun den Fall, sie wären hinausgefallen, was dann? Nun, dann wären sie doch die traurigen Begleiter des Schiffes geblieben, denn hier gab es überhaupt kein *Fallen* mehr, außerdem kam noch das Verharrungsvermögen der Bewegung hinzu. Anders wäre es allerdings gewesen, wenn das Schiff gebremst oder seinen Kurs verändert hätte.

Man hatte einen Sturm oder einen Wirbelwind im Weltenraum erlebt. Von einer Erklärung aber seiner Entstehung wie seines ganzen Wesens musste man natürlich absehen. Es konnten wohl Jahrhunderte vergehen, ehe man darüber etwas Näheres wusste.

Aber einen Namen konnte man dieser einem Weltallschiff gefährlich werdenden Erscheinung doch geben, und man nannte sie *Ätherwirbel.* Es war die Frage, ob diesem immer ein Nebel vorausging und ihn begleitete. Jedenfalls musste man auf der Hut sein, wenn sich der blendend klare

Äther verfinsterte. Das andere lehrte dann die Erfahrung. Dieses Rotieren des Weltallschiffes war zu vergleichen mit dem Stampfen und Schlingern eines Seeschiffes auf sturmdurchwühltem Meer.

Sie war teuer, furchtbar teuer erkauft, diese Erfahrung auf der ersten Weltallfahrt, aber sie lehrte, in den nächst zu bauenden Schiffen Vorkehrungen zu treffen, durch welche die Schiffer geschützt waren, und zwar waren die am besten hierzu geeigneten: leicht in Achsen rollende Kapseln, in die man sich zwängte, ehe die Rotation begann.

Danach: Schiffbruch im All & Verglühen in einer fremden Atmosphäre

aus: Robert Kraft, *Die Weltallschiffer*. Aus dem Reiche der Phantasie. Heft 4

HARALD KAPPEL

NÄCHTLICHES RIESELN

Auch in brausenden Sternen
ist Ruhe im Schwerefeld
die Erde wälzt sich vorwärts
im Schatten zähen Äthers
der vor Zahlen verborgen
die Zelte der Stille furcht
insektenflüglige Vögel
sitzen auf Gleichungen
von Einsteins weiten Feldern
glühen im Halblicht
schwarzer Löcher
wie Tropfen von durchsichtigem Laub
wolkenfuhrige Schemen
ohne Uhrwerk
unsterblich sacht
sie rieseln
im Winterdunkel der Milchstraßen
hinter den Rand des Verstandes
ohne Wiederkehr
ungesehen
unerlaubt
unverstanden

PLANK

Augenblick
nein
Plank der Zeit
so namenlos zerrissen
fließt
in Tage
die nah
und fern zugleich
ein Wundern rühren
so kalter Raum
so ohne Stern
in neuer Gegenwart
zu Zukunft wird
so daseinsarm im Wissen
zu Hoffnung Trauer Liebesdurst
den zu trinken
der Träumende wagt
im Blick nach vorn
im dunklen Äther
unverzagt
so Welle und Punkt
Zahn für Zahn
das Rad der Schicksalsuhr
im grauen Zorn
uns zieht in tiefe Nähe
von Geschehniss Horizont
Unendlichkeit
wohin wir sehen
besessen auf Inseln der Gestirne

wenn nicht ins Ich der Welten
in Blasen des Quantenschaums
in schier seifiger Existenz
ein Löffel Geschichte
ohne Menschsein
doch zählt
oder doch nicht
wer weiß
wer ist nächstens
letztens
nie
wer ist dort
und wer ist morgen
nur du und ich
im Raumzeitnetz
gefangen gehalten gesehnt
geliebt geewigt
gesplittert geeint
nur du
ich
nur Schaum
Welt
Schaum und
duich
ichdu
ui
i
.

PHOTON DER FREMDEN NACHT

.
dunkel
Antlitz ferner Sonnen
die nie mehr scheinen
Photon der fremden Nacht
warum
sehe ich dich
nicht
nicht mehr
ist es Erinnerung
oder ein Jenseits
der Existenz
der Schattenwald des Ichs
das Schwingen der Äonen
droben
im Feiergang der Zeit
neigen sich alle Uhren
für dich
wie leere Urnen
du kalter Gott
du Weltenspiegel fast
ein fahles Los
Synapsentod und Trauermantel
Mund und Schoß
verschlossen selbst

vor dir die Laube
die Sterne zogen
die Sterne fielen
ins Meer der alten Wogen
wo Quantenzeit versiegt
und Schlaf das Hirn beschwört
zu schweigen
in stiller Seele nun
die Menschheit ahnungslos
das Blut vergibt
an nackte Zwerge
leuchtend weiß und zeitenschwer
die sammeln das Glück
und geben's nimmer her
Henker der Vergangenheit
Gebieter des Gestern
und wo
bleiben wir
schwarz
gestern
allein
allein
alle
all
.

UNSERE TATEN

In der flächigen Kälte
der Branen
ist das Überleben am Ofen
eine Imagination
aus dem Rumpf eines Traumes
jedoch
strömt in langen Wellen
das Licht
erloschener Sonnen
durch unsere schwachen Bäuche
und kehrt erstarrt
aus der Krümmung der Raumzeit
in einer kurzen Minute blau
wieder zurück
ins verworrene Federkleid
unserer süßen Gedankenwelt
kaum erhellend
die Küstenstreifen des Augenscheins
es fällt ins Dunkel
geschnitten von Mühlenflügeln
zu Quanten zerhackt
nur unsere Taten
fallen auf uns selbst

SKIZZE EINES NACHMITTAGS

ULRICH WOELK

Wie sie Kaffee zubereitet. Es gefällt ihm, ihr dabei zuzusehen und den warmen Wind zu spüren, der durch das Fenster hereinweht. Sie hat sich nichts übergezogen, wozu auch. Er fragt sich, warum sie hergekommen ist. Kennen sie sich, nur weil sie sich einmal gekannt haben? Er weiß nicht, was sie denkt.

Wie lange haben sie sich nicht gesehen? Er hat keine Lust, es nachzurechnen. Es ist nicht wichtig.

Er fragt sich, wieso es dazu gekommen ist. Sie wussten es gleich, sie genauso wie er. Das jedenfalls glaubt er. Sie reden nicht darüber. War es vorhersehbar?

Es kommt ihm wie ein Widerspruch vor, dass Freiheit in ihrer Summe zu Berechenbarkeit und vorhersehbaren, immer gleichen Mustern führt, bis hinein in das Gefühlsleben, jenen, wie wir glauben, ureigensten Teil der Individualität.

Er betrachtet sie. Sie ist auf der Durchreise, hat sie gesagt, als sie am Morgen angerufen hat.

Die Wärme des Nachmittags.

Er ist Wissenschaftler, Astronom. Jeder Forschungsfortschritt, sagt er manchmal, sei ein Schritt in die richtige

Richtung, selbst wenn er uns in seinen Möglichkeiten zunächst unkalkulierbar erscheine, wohingegen hinter der Forderung, gewisse Dinge besser nicht zu erforschen, ja nicht weniger stecke als die Behauptung beziehungsweise der fatalistische Glaube, mit einem geringeren Informationsstand ließen sich bessere Entscheidungen treffen, was ihm vollkommen absurd erscheint. Wenn es ein Licht gibt, dass in der Dunkelheit angezündet worden ist – er weiß, dass der Gedanke oder jedenfalls die Art, ihn auszudrücken, pathetisch ist –, dann das der Wissenschaft.

Hat er sich jemals selbst erforscht?

Heute kann sie mit dem, was er sagt, umgehen. Du hast dich nicht geändert, sagt sie. Sie ziehen sich etwas über und trinken den Kaffee vor seinem Haus im Freien.

Seitdem die körperliche Liebe nicht mehr ein Mysterium ist, sondern ein Vorgang von hoher Intensität und Vergänglichkeit, ist sie zugleich wertvoller und wertloser geworden. Wertloser als etwas, das sich überhöhen lässt, das mehr ausdrückt – Gefühle, Liebe, Ewigkeit etc. –, als es ist, und wertvoller als ein Geschenk von Zeit zu Zeit ...

Als sie zusammen waren, gab es Momente, da war er unsicher, wie viel ihr an ihm lag. Sie sahen sich an, und in ihrem Blick las er sonderbarerweise nicht seinen Vor-, sondern seinen Familiennamen: Zweig, was bist du nur für ein merkwürdiger Mensch? Zweig, warum hältst du diese Distanz aufrecht? Dabei hätte er ihr die Frage ebenso gut zurückgeben können.

Sie wollen nicht mehr herausfinden, wer sie sind, das macht die Liebe einfacher.

Sie sitzen lange vor seinem Haus. Irgendwann machen sie eine Flasche Wein auf. Das Licht des späten Nachmittags, Abends. Alles, was er wollte, hat er immer in dieser Welt gefunden. Er denkt – nein, er weiß –, dass es keine andere gibt.

Sie reden und trinken Wein. Er fragt sie nicht, warum sie ihn heute angerufen hat. Sie standen voreinander und alles war ganz leicht. Wollen sie noch einmal jung sein?

Natürlich sind alle Wahrnehmungen subjektiv. Jeder Beobachtung liegt ein Bewusstsein zugrunde, das die Dinge irgendwie formt, und niemand ist in der Lage, aus der Sphäre seiner Identität auszubrechen. Aber dass jedes Wissen notwendigerweise beschränkt ist, mindert nicht im Geringsten den objektiven Gehalt dessen, was man wahrnimmt. Die eigenständige Existenz der Welt ist keineswegs ursächlich an unser Bewusstsein gebunden, so wie manche Religionen oder Philosophen das behaupten. Zu glauben, alles sei nur Trug und Schein und ohne den Menschen oder das sehende Auge nichts, und dem Universum den letztlich ja moralischen Vorwurf des In-Wahrheit-gar-nicht-Existierens zu machen, ist ein indiskutabel anthropozentrischer und kein vernünftiger Standpunkt. Dass man gezwungen ist, die Dinge aus der Perspektive des Individuums zu betrachten, nimmt ihnen ihre Realität nicht, sondern fügt dieser etwas hinzu, und übrigens etwas, das er bis heute immer als einzigartig empfunden hat. Genau genommen ist es sogar in erster Linie stets das Beobachten gewesen und weniger das

Handeln, in dem er sich als Person erfahren hat. Die Realität ist das Geheimnis, und nicht irgendein Dahinter. Zu glauben, alles sei nur Schein und Subjektivität, ist eine der üblichen, wenn nicht die größte aller menschlichen Eingebildetheiten.

Er ist froh, dass es ihr gut geht. Sie wissen, dass man die Zeit nicht zurückdrehen kann.

Sie reden nicht über früher, aber er denkt daran. Alles, was du sagst, hatte sie ihm vorgeworfen, ist ein Vorwand. Dein Leben, die Unverbindlichkeit deiner Ansprüche hat keine Grundlage. Du wolltest Distanz und du hast sie erreicht, aber jetzt ist diese Distanz nur noch Leere. Du hast jede Form der Festlegung vermieden, anstatt um dein Recht als Person zu kämpfen. Den Kränkungen, die man dir zugefügt hat, bist du hochmütig begegnet. Du bist misstrauisch, verstiegen und arrogant. Du glaubst, dass noch dein Schmerz rationaler ist als das Denken derer, die dich verletzt haben. Aber du bist nicht rational, du glaubst es nur zu sein.

Heute denkt er oft, dass sie recht hatte. Er begegnet Menschen, er spricht mit ihnen, er liebt sie. Und doch scheint irgendeine Kraft in ihm diese Distanz, die ihn von anderen trennt, immer größer werden zu lassen.

Seine Begeisterung für den Nachthimmel ist geblieben. Dort, wo nur Distanz ist, empfindet er Nähe.

Sie dreht ihr Gesicht in die Abendsonne. Sie sind beide älter geworden. Sie sagt, dass sie ihm gerne zuhört, auch wenn er Unsinn redet. Willst du länger bleiben?, fragt er. Nein, sagt sie.

Als es dunkel geworden ist, legen Sie sich mit einer Flasche Wein (der zweiten) auf die Straße vor seinem Haus, auf der um diese Zeit niemand mehr unterwegs ist. Der Asphalt ist noch warm, fast heiß vom Tag. Sie liegen auf dem Rücken und betrachten den Nachthimmel, der unvergleichlich ist.

Ab und an schreibt er. Wenn er schreibt, ist er kein Wissenschaftler. Wenn er schreibt, kann er die Welt nicht intellektuell durchdringen oder in ein idealistisches Programm kleiden, sondern die vielen verschiedenen Wahrnehmungsdetails nur registrieren, protokollieren, kommentieren, sprunghaft, hier und da die eigenen Affekte und Gedanken mit einbringend, und auf diese Weise das psychologische System, nach dem er funktioniert, sichtbar machen in seiner Zerrissenheit und Zerfallenheit und alles in allem, dass es nicht viel wert ist, jedenfalls unter zwischenmenschlichen oder emotionalen Gesichtspunkten, obwohl er nicht glaubt, dass es eine Alternative dazu gibt, wenn man sich nichts vormachen möchte.

Er erklärt ihr den Nachthimmel. Er hat es vor Jahren schon einmal getan, aber sie hat alles vergessen. Wusstest du, sagt er, dass das, was wir sehen, nur ein Bruchteil dessen ist, woraus das Universum besteht? Die sichtbare Materie, wie wir sie kennen, macht nur einen geringen Anteil der Substanz des Universums aus, nur fünf Prozent. Ein anderes Viertel besteht aus unsichtbarer Materie, deren Natur wir noch nicht kennen, aber wir können es vielleicht herausfinden.

Die übrigen siebzig Prozent nennen wir dunkle Energie. Alles, was es gibt, ist von ihr durchdrungen. Sie treibt das Universum an und auseinander. Ohne die dunkle Energie gäbe es im Universum keine Entwicklung und keine Struktur. Es gäbe uns nicht, es gäbe kein Leben. Aber am Ende wird sie das Universum so weit auseinanderreißen, dass alles nur noch Kälte ist und Isolation. Und wir haben nicht die geringste Ahnung, was hinter dieser unausweichlichen Kraft steckt. Alles, was wir haben, ist eine mathematische Größe, eine Konstante in einer Gleichung. Können wir uns damit begnügen?

Wenn er redet, denkt er manchmal, ist er nicht älter geworden. Er kommt von dem Rätsel nicht los. Er weiß nicht, ob er darüber froh sein soll.

Du beschreibst die Seele, sagt sie. Und sie sagt es leichthin, in ihrer Art ein bisschen melancholisch nach einer Flasche Wein, aber keineswegs so mythisch und ehrfürchtig wie er. Wir kennen nur einen kleinen Teil von dem, was uns ausmacht. Fünf Prozent? Meinetwegen. Dann gibt es das Viertel des Unterbewussten. Wir können vielleicht herausfinden, welche Kräfte uns dort bestimmen. Aber der größte Teil dessen, was wir sind, das, was uns antreibt, ist verborgen. Es ist das, was wir im Innersten sind, und es wird uns immer ein Rätsel bleiben. Ich bin nicht überrascht über das, was du sagst. Warum sollte es im Großen anders sein als in uns.

Irgendwann fragt er sie doch, warum sie gekommen ist. Sie sagt: Ich weiß es nicht.

Wega im Zenit, im Bild der Leier. Die Musik der Zikaden. In solchen Momenten denkt er, dass fünf Prozent genug sind. Mehr als genug, um die Welt zu lieben, wie sie ist. Sie liegen noch lange dort auf dem warmen Asphalt, bevor sie zurück ins Haus gehen. Sie schlafen noch einmal miteinander.

Am Morgen ist sie fort.

ZWEI

KRAFT

BEKANNTE FREMDE

ZU EBEN DEM, HELENE HERING-HERBER
ACRYL & PIGMENT AUF LEINWAND

MARTIN PIEKAR

Für Barbara und Helene

Doubting all the time
Fearing all the time
That like these urban nightmares
We'd blacken each others skies
(Anne Clark – Our Darkness)

Wird hier Schattenwurf getrieben
Oder b(e)reiten sich Finsternisse
Ich fließe atmosphär – Nachtinfarkt
Ich muss über die Mauer über
Die Zinnen in Über-
Windung verknallt
Wie Mondfragmente zerdellt
Falle ich außer mir das Düster
Kaum abstämmig ein Portal
Nachtinfarkt ich weiß nicht mehr
Wo die Nacht ist – absurd
So eigenwillig fremd zu steigen
Gut bekannt oder gut verkannt
Schattenwurf oder Finsternis
Zwecks Windung
Tiefer immer tiefer sprengt mich
Das Dunkel – will ich
Nicht auch
Dunkelste Materie werden
Muss ich wohl außer mir
Abstämmig werden und
Über die Mauern
Über die Zinnen des Schwarzgrau

BEWEISE FÜR DAS DASEIN GOTTES

THOMAS VON AQUIN

A) I. Solche Beweise zu suchen, scheint von vornherein nutzlos zu sein. Denn wenn ein Sein unendlich ist, so schließt es sein gerades Gegenteil von der Existenz aus. Unter »Gott« wird aber etwas unendlich Gutes verstanden. Also müsste das Gegenteil vom göttlichen Sein, das Übel nämlich, in der Welt nicht existieren.

II. Dazu kommt, dass ein solches Wesen wie Gott ganz und gar überflüssig erscheint. Denn alles, was in der Welt existiert, kann durch andere Prinzipien erklärt werden ohne die Voraussetzung einer Ursache wie Gott. In der Tat lässt sich, was mit natürlicher Notwendigkeit geschieht, zurückführen auf die Natur. Was aber aus Absicht geschieht, geht vom freien Willen oder von der Vernunft des Menschen aus. Also besteht keinerlei Notwendigkeit für die Annahme, es sei ein Gott.

Andererseits steht im Exod. 3,14 als aus der Person Gottes selber gesprochen: »Ich bin, der ich bin.«

B) Ich antworte, die Existenz Gottes wird auf fünffachem Wege bewiesen.

1. Es ist gewiss und zwar bereits in der Erfahrung der Sinne begründet, dass manches in der Welt der Bewegung unterliegt. Was aber auch immer in Bewegung ist, das wird von etwas anderem in Bewegung gesetzt. Denn

selbstverständlich wird kein Ding zur Erreichung dessen bewegt, was es bereits im Besitze hat; sondern offenbar bezweckt die Bewegung, das zu erlangen, was noch nicht tatsächlich besessen wird, wohl aber besessen werden kann. Bewegen jedoch kann etwas nur gemäß der Kraft, die es wirklich besitzt. Denn Bewegen will nichts anderes besagen, als ein Vermögen aus dem Zustande der Ruhe in den der Tätigkeit zu versetzen. Aus der Ruhe kann aber ein Vermögen nur dann zur Tätigkeit übergehen, wenn ein Sein, das bereits tatsächlich tätig ist, auf das betreffende Vermögen einwirkt, wie z.B. das Feuer, welches schon in Wirklichkeit warm ist, das Holz erwärmt, das da nur das Vermögen hat, warm zu werden. Denn es ist in der Tat unmöglich, dass etwas eine Vollkommenheit besitzt und dieselbe zugleich nicht besitzt. Was erst warm zu werden vermag, das ist tatsächlich kalt; hat aber das Vermögen, warm zu werden. Es ist demnach schlechthin eine Unmöglichkeit, das sich etwas ganz und gar in derselben Beziehung auf ganz dieselbe Art und Weise zugleich bewege und bewegt werde, somit in diesem Sinne sich selbst bewege; denn um zu bewegen, ist es erforderlich, dass es die entsprechende Kraft besitze, sowie etwas warm sein muss, um erwärmen zu können; um aber nach dem Besitze einer gewissen Vollkommenheit hin bewegt zu werden, darf es dieselbe nicht besitzen. Bewegen und bewegt werden sind also Begriffe, die sich gegenseitig, soweit es genau dasselbe Subjekt angeht, ohne Zweifel ausschließen: gleichwie das Feuer die Fähigkeit ausschließt, warm zu werden. So also ist es unumgänglich notwendig, dass, was auch immer in Bewegung ist, von anderem bewegt werde. Wenn nun aber dasjenige, was in Bewegung setzt, wieder selber in Bewegung ist, so muss auch dieses wieder von einem anderen den Anstoß zur Bewegung erhalten. Es kann jedoch keineswegs in den bewegenden Kräften eine Reihe ohne Ende angenommen werden, da es in diesem Falle tatsächlich keine zuerst bewegende Kraft geben würde, somit aber auch keine der folgenden bewegen könnte, insofern keine derselben bewegt, wenn sie nicht selber von der vorhergehenden den Anstoß erhalten hat, gleichwie der Stock nicht bewegt, wenn er nicht von der Hand in Bewegung gesetzt wird. Notwendigerweise also muss folgerichtig eine erstbewegende Kraft angenommen werden, die selber völlig unbeweglich ist und sonach keiner andern bewegenden Kraft bedarf; diese aber ist nach dem Geständnisse aller Gott.

2. Der zweite Weg, auf welchem zur Anerkennung des Daseins Gottes gelangt wird, beruht auf dem Begriffe der bewirkenden Ursache. Wir finden nämlich in den uns umgebenden, sinnlich wahrnehmbaren Dingen eine geordnete Folge von bewirkenden Ursachen. Es kann nun jedenfalls nicht gesagt werden, dass etwas sich selber hervorbringe, da es einfach unmöglich ist, dass etwas früher sei, als es ist. Gleicherweise ist es aber unmöglich, dass die Folge von bewirkenden Ursachen ununterbrochen ohne Ende sei, da in allen solchen bewirkenden Ursachen, die unter sich einen geordneten Zusammenhang haben, in denen also das eine die Ursache des anderen ist, das Erste die Mittelursache hervorbringt und diese die letzte Wirkung zur Folge hat, mag nun eine einzige Mittelursache oder eine Mehrzahl angenommen werden. Wird nun die Ursache entfernt, so muss auch die Wirkung fortbleiben; gibt es also kein Erstes, so fällt auch die Mittelursache weg, und folgerichtig zugleich die letzte Wirkung. Da aber bei einer endlosen Reihe von

bewirkenden Ursachen keine erste bewirkende Ursache vorhanden sein kann, so kann es auch keine Mittelursache und demgemäß keine Schlusswirkung geben, was offenbar den Tatsachen widerspricht. Es existiert daher notwendig eine erste bewirkende Ursache, welche eben alle Gott nennen.

3. Der dritte Weg zur Anerkennung der Notwendigkeit des Daseins Gottes geht aus vom Möglichen und Notwendigen. Wir finden nämlich in den Dingen manches, was sein oder auch nicht sein kann; zeigt doch die Tatsache des Entstehens oder Vergehens, dem viele Dinge unterworfen sind, dass eine Möglichkeit vorhanden ist, zu sein, und zugleich die Möglichkeit, nicht zu sein. Es ist aber unmöglich, dass, was so beschaffen ist, immer sei; weil, was in seiner Natur die innere Möglichkeit besitzt, nicht zu sein, zuweilen auch tatsächlich nicht ist. Wenn nun aber schlechthin alles die Möglichkeit hat, nicht zu sein, so war auch einmal nichts. Ist dies jedoch der Fall, so würde auch jetzt noch nichts sein, was offenbar falsch ist. Nicht also alles Sein schließt in sich die Möglichkeit ein, nicht zu sein, sondern es muss etwas sein, was mit Notwendigkeit existiert. Alles Derartige hat nun die Ursache seiner Notwendigkeit entweder von außen oder nicht. Da aber auch hier keine Reihe ohne Ende angenommen werden kann, ebenso wenig wie rücksichtlich der wirkenden Ursachen, so muss ein Sein existieren, das ganz und gar aus seinem eigenen Innern heraus notwendig ist und diese Notwendigkeit keinem äußeren Grunde verdankt, vielmehr sie in allem, was notwendig ist, verursacht; dieses Sein aber nennen alle Gott.

4. Der vierte Weg, um zur sicheren Kenntnis des Daseins Gottes zu gelangen, geht von der Tatsache aus, dass in den Geschöpfen sich verschiedene Abstufungen des Seinsgrades vorfinden. Es wird nämlich ohne Zweifel in den Dingen ein höherer und ein niedrigerer Grad von Güte, von Wahrheit und von Seinswert gefunden. Eine solche Verschiedenheit kann aber nur insoweit als möglich angenommen werden, inwieweit ein derartiger Grad mehr oder minder absteht von dem, was den entsprechenden Vorzug im unbedingt höchsten Grade besitzt; wie z. B. etwas im selben Grade warm ist, als es dem unbedingt und notwendig am meisten Warmen nahesteht. Es gibt also ein im höchsten Grade Wahres, ein ausschließlich höchstes Gut, ein schlechthin Ewiges; folgerichtig auch ein Sein, welches auf der ohne Zweifel höchsten Stufe steht. Denn was im höchsten Grade wahr ist, das ist auch im höchsten Grade Sein. Nun ist aber, was irgendeine Eigenschaft im höchsten Grade besitzt, die Ursache dieser selben Eigenschaft, insoweit sie sich in anderen Dingen vorfindet, wie z. B. das Feuer, das am meisten und unabhängig von allem warm ist, die Ursache der Wärme in allen übrigen Geschöpfen bildet. Also existiert ein höchstes Sein, das da wirkende Ursache des Seins und des Wahren und des Guten, mit einem Worte aller Vollkommenheiten ist, die sich irgendwie oder irgendwo vorfinden.

5. Der fünfte Beweis für das Dasein Gottes geht von der Leitung der Dinge aus. Wir sehen nämlich, dass so manche Wesen, die der erkennenden Vernunft entbehren, wie z. B. alles Körperliche in der Natur, bei ihrer Tätigkeit einen Endzweck verfolgen; dies erhellt daraus, dass sie immer oder doch in den weitaus meisten Fällen auf ein und dieselbe Weise tätig sind, damit sie erlangen, was für sie vollkommen ist. Sonach werden dieselben nicht vom Zufalle getrieben, sondern durch eine bestimmte Absicht bis zur Erreichung des Zweckes geleitet. Mit Absicht aber zu einem bestimmten Zwecke leiten, kann nur ein mit Wille und Einsicht begabtes Wesen, gleichwie die bestimmte Richtung des Pfeiles den Schützen verrät. Also gibt es ein vernünftiges Sein, welches alle natürlichen Dinge, und zwar insoweit dieselben eben eine Natur haben, zum Zwecke geleitet; und dieses Sein nennen wir Gott.

C) I. Der Einwand hat recht damit, wenn er meint, man müsse Gott die Unendlichkeit zuschreiben. Aber eben aus dieser Unendlichkeit folgt, wie nichtig der Vorwurf ist. Augustin weist ihn mit folgenden Worten zurück (Enchir. c. 11.): »Da Gott im denkbar höchsten Grade gut, nämlich die Güte selber ist, so würde Er in seinen Werken keinerlei Übel zulassen; wenn Er dabei nicht in dem Grade allmächtig und gut wäre, dass Er das Übel selbst zum Guten wendete.« Es geht also gerade aus der Unendlichkeit der göttlichen Güte hervor, dass der Herr Übel zulasse und von da her Gutes leite.

II. Der zweite Einwurf findet seine Widerlegung im fünften Beweise. Die Natur in jeglichem Dinge ist der Grund, dass das betreffende Ding, dieser Natur überlassen, immer nach einer ganz bestimmten Richtung hin tätig ist. Da sich aber niemand die Natur selber geben kann, so ist es notwendig, dass auch die bestimmte Richtung ihrer Tätigkeit nicht von ihr komme, sondern aus der leitenden Absicht einer höheren wirkenden Ursache stamme. Wo also eine Natur ist, da muss eine Ursache vorhanden sein, die über sie erhaben dasteht und deshalb frei aus sich heraus ihr die bestimmte Richtung der Tätigkeit verleihen kann. Da nun die Natur des einen Dinges mit der des anderen notwendig verbunden ist, muss eine erste Ursache bestehen, welche über alle naturnotwendige Tätigkeit erhaben ist und sie frei aus sich heraus hervorzubringen vermag.

In ähnlicher Weise zeigen die freien und vernünftigen Handlungen auf das Dasein Gottes als auf ihre vornehmste Ursache. Denn sie sind veränderlich und dem Zufalle unterworfen. Der frei handelnde Mensch kann fallen. Was aber veränderlich ist und von sich aus sowohl sein als auch nicht sein kann, muss (vgl. den dritten Beweis) zurückgeführt werden auf ein erstes Prinzip, das da unbeweglich ist und innerlich notwendig.

Deutsch von Ceslaus Maria Schneider.

VOM

Gelegen in der Radix.
Die Raster der Matrix sind Netze geworden,
Glimmung, gedimmt, gedellt, Entstehung.

...
Zunahme der Aufnahme schreitet tief
-er.
Fülle von Abnahme.
Schatten leitet Ankommen ab ...

in Zeiger lichtschwarzgekreister
Rundung der Fläche des Zwängens von Abseits – Rollung, rollend, Rollung-
e,
stillstand-gedrehtes Noch-da. Geschehen und angesiebt nicht, dicht, dimmend, stark.

Entfernung ist auch nur ein anderes Wort
für Bewegung.

ER.WARTUNG DER DUNKLEN ENERGIE

Kurven der Vergangenheit und der Zukunft
schütteln ihre Nadeln durch einen
geisterhaften Körper, Nimbus und Lunge,
Abzugfedern und innere Haken
verhindern die Mystik in tieferen Räumen,
versunkene Betreuung, schummrignull
durch die filmenden Öle, Regenbogentran im
Wo, in dem weitergezirkelt wird,
was an Film durch unsere Geschehensluft
in die Schlacke der Gedanken fährt.

Ausgesäte Ferne innerhalb der Dateien,
erstarrt in öffnenden Programmen, flüchtig;
Wahrnehmung: Erfahrung von Filtern,
der Radar der Berührung, spurenzugig,
Zeugen besitzen kaum Stellen, arglos
verdienen die Prozesse Absicht und Zufall,
Karma in Armut oder Klang ohne Raster,
so geschieht das Ergehen oder das Stören.
Mundharmonikafrei oder eben doch nicht:
dies sind entscheidende Beispiele, Schlüsse-l.

DIALOG ÜBER DIE WELTSYSTEME

PERSONEN
Salviati
Sagredo
Simplicio

I
UNBEWEGLICH ODER BEWEGLICH?

Salviati. Wir sind gestern vom geraden Wege unserer Erörterungen so oft und so weit abgekommen, dass ich schwerlich ohne Euere Hilfe wieder ins rechte Geleise komme und fortfahren kann.

Sagredo. Ich finde es sehr begreiflich, dass Ihr Euch einigermaßen in Verwirrung befindet, wo ihr den Kopf über und über voll habt mit dem bereits Vorgetragenen, wie mit dem noch Vorzutragenden. Ich hingegen, der ich als bloßer Zuhörer nur das Vernommene im Gedächtnis zu behalten brauche, werde hoffentlich durch kurze Zusammenfassung des Bisherigen den Faden unserer Untersuchung entwirren können. Sofern mich also mein Gedächtnis nicht täuscht, war der Hauptgegenstand unserer gestrigen Gespräche der, dass wir von Grund aus prüften, welche der beiden Meinungen wahrscheinlicher und begründeter sei: diejenige, nach welcher die Substanz der Himmelskörper unerzeugbar, unzerstörbar, unveränderlich, unempfindlich, kurz: abgesehen von der Ortsveränderung jedem Wechsel entrückt ist, und darum ein fünftes Element darstellt, welches durchaus verschieden ist von unseren elementaren, erzeugbaren, zerstörbaren, veränderlichen Körpern; oder die andere Ansicht, nach welcher ein solches Missverhältnis zwischen den Teilen des Weltalls in Wegfall kommt, die Erde vielmehr sich derselben Vorzüge erfreut wie die übrigen das Weltall zusammensetzenden Körper, mit einem Worte ein freibewegter Ball ist, so gut wie der Mond, Jupiter, Venus oder ein anderer Planet. Wir hoben zuletzt viele Übereinstimmungen im Einzelnen zwischen der Erde und dem Monde hervor und zwar mehr mit dem Monde als mit einem anderen Planeten, wohl wegen der genaueren und sinnlich greifbareren Kenntnis, die wir infolge seiner geringeren Entfernung über ihn besitzen. Nachdem wir schließlich zu dem Ergebnis gekommen sind, diese zweite Meinung habe die größere Wahrscheinlichkeit für sich, verlangt es, wie mir scheint, die Folgerichtigkeit, dass wir die Frage prüfen, ob die Erde für unbeweglich zu halten, wie bisher von den meisten geglaubt wurde, oder für beweglich, wie einige Philosophien des Altertums glaubten und einige neuerdings meinen: und wenn für beweglich, wie beschaffen ihre Bewegung sein mag.

II
AUGEN STATT ARISTOTELES.

Simplicio. Wenn man sich aber von Aristoteles lossagt, wer soll Führer in der Wissenschaft sein? Nennt Ihr irgendwelchen Autor!

Salviati. Des Führers bedarf man in unbekannten wilden Ländern, in offener ebener Gegend brauchen nur Blinde einen Schutz. Wer zu diesen gehört, bleibe besser daheim. Wer aber Augen hat, körperliche und geistige, der nehme diese zum Führer!

III
DAS RELATIVITÄTSPRINZIP.

Salviati. Hier scheint es mir nun angebracht, um dem Nachweise der Nichtigkeit aller angeführten Versuche die Krone aufzusetzen, dass ich die Art und Weise zeige, wie sie sämtlich mit leichtester Mühe durchprobiert werden können. Schließt Euch in Gesellschaft eines Freundes in einen möglichst großen Raum unter dem Deck eines großen Schiffes ein. Verschafft Euch dort Mücken, Schmetterlinge und ähnliches fliegendes Getier; sorgt auch für ein Gefäß mit Wasser und kleinen Fischen darin; hängt ferner oben einen kleinen Eimer auf, welcher tropfenweise Wasser in ein zweites, enghalsiges darunter gestelltes Gefäß träufeln lässt. Beobachtet nun sorgfältig, solange das Schiff stille steht, wie die fliegenden Tierchen mit der nämlichen Geschwindigkeit nach allen Seiten des Zimmers fliegen. Man wird sehen, wie die Fische ohne irgendwelchen Unterschied nach allen Richtungen schwimmen; die fallenden Tropfen werden alle in das untergestellte Gefäß fließen. Wenn Ihr Euerem Gefährten einen Gegenstand zuwerft, so braucht Ihr nicht kräftiger nach der einen als nach der anderen Richtung zu werfen, vorausgesetzt, dass es sich um gleiche Entfernungen handelt. Wenn Ihr, wie man sagt, mit gleichen Füßen einen Sprung macht, werdet Ihr nach jeder Richtung hin gleich weit gelangen. Achtet darauf, Euch aller dieser Dinge sorgfältig zu vergewissern, wiewohl kein Zweifel obwaltet, dass bei ruhendem Schiffe alles sich so verhält. Nun lasst das Schiff mit jeder beliebigen Geschwindigkeit sich bewegen: Ihr werdet – wenn nur die Bewegung gleichförmig ist und nicht hier- und dorthin schwankend – bei allen genannten Erscheinungen nicht die geringste Veränderung eintreten sehen. Aus keiner derselben werdet Ihr entnehmen können, ob das Schiff fährt oder stille steht. Beim Springen werdet Ihr auf den Dielen die nämlichen Strecken zurücklegen wie vorher, und wiewohl das Schiff aufs Schnellste sich bewegt, könnt Ihr keine größeren Sprünge nach dem Hinterteile als nach dem Vorderteile zu machen: und doch gleitet der unter Euch befindliche Boden während der Zeit, wo Ihr Euch in der Luft befindet, in entgegengesetzter Richtung zu Euerem Sprunge vorwärts. Wenn Ihr Euerem Gefährten einen Gegenstand zuwerft, so braucht Ihr nicht mit größerer Kraft zu werfen, damit er ankomme, ob nun der Freund sich im Vorderteile und Ihr Euch im Hinterteile befindet oder ob Ihr umgekehrt steht. Die Tropfen werden wie zuvor in das untere Gefäß fallen, kein einziger wird nach dem Hinterteile zu fallen, obgleich das Schiff, während der Tropfen in der Luft ist, viele Spannen zurücklegt. Die Fische im Wasser werden sich nicht mehr anstrengen müssen, um nach dem vorangehenden Teile des Gefäßes zu schwimmen als nach dem hinterherfolgenden; sie werden sich vielmehr mit gleicher Leichtigkeit nach dem Futter begeben, auf welchen Punkt des Gefäßrandes man es auch legen mag. Endlich werden auch die Mücken und Schmetterlinge ihren Flug ganz ohne Unterschied nach allen Richtungen fortsetzen. Niemals wird es vorkommen, dass sie gegen die dem Hinterteil zugekehrte Wand gedrängt werden, gewissermaßen müde von der Anstrengung, dem schnellfahrenden Schiffe nachfolgen zu müssen, und doch sind sie während ihres langen Aufenthaltes in der Luft von ihm getrennt. Verbrennt man ein Korn Weihrauch, so wird sich ein wenig Rauch bilden, man wird ihn in die Höhe steigen, wie eine kleine Wolke dort schweben und unterschiedslos sich nicht mehr nach der einen als nach der anderen Seite hin bewegen sehen. Die Ursache dieser Übereinstimmung aller Erscheinungen liegt darin, dass die Bewegung des Schiffes allen darin enthaltenen Dingen, auch der Luft, gemeinsam zukommt.

Sagredo. Obgleich es mir zur See niemals in den Sinn gekommen ist, die genannten Beobachtungen eigens zu diesem Zwecke anzustellen, so bin ich doch mehr als gewiss, dass sie zu dem angeführten Ergebnis führen.

Deutsch von Emil Strauss.

DIALOG ÜBER EINWÄNDE GEGEN DIE RELATIVITÄTSTHEORIE

ALBERT EINSTEIN

Kritikus. Schon oft haben meinesgleichen in Zeitschriften Bedenken der verschiedensten Art gegen die Relativitätstheorie vorgebracht; nur selten aber hat einer von euch Relativisten* darauf geantwortet. Wir wollen nicht untersuchen, ob Hochmut, ob Gefühl der Schwäche, ob Faulheit der Grund dieser Unterlassung gewesen ist – vielleicht wars eine besonders wirksame Mischung dieser seelischen Mächte; vielleicht auch verriet die Kritik nicht selten zur Evidenz, dass der Kritiker gar zu wenig Sachkenntnis an den Tag legte. Darüber soll – wie gesagt – nichts gesprochen werden; aber das will ich dir gleich sagen: heute habe ich dich persönlich aufgesucht, um es dir unmöglich zu machen, dich mühelos zu drücken wie andere Male. Denn sei versichert, dass ich nicht von der Stelle weichen werde, bevor du mir alle meine Fragen beantwortet hast.

Damit du aber nicht gar zu sehr erschrickst, ja vielleicht sogar mit einem gewissen Vergnügen an das Geschäft gehst (dem du doch nicht entrinnen kannst), sage ich dir auch gleich einiges Tröstliche. Ich bin nicht, wie manche meiner Kollegen, von der Würde meiner Gilde so sehr durchdrungen, dass ich als ein überlegenes Wesen von überirdischer Einsicht und Sicherheit auftrete (wie ein Berichterstatter über wissenschaftliche Literatur oder gar ein Theater-Kritiker). Sondern ich rede wie ein sterblicher Mensch, zumal ich wohl weiß, dass Kritik nicht selten den Mangel an eigenen Gedanken zum Vater hat. Auch will ich dir nicht – wie jüngst einer meiner Kollegen – wie ein Staatsanwalt auf den Leib rücken und dir Diebstahl geistigen Eigentums oder sonstige unehrenhafte Handlungen vorwerfen. Nur das Bedürfnis, zur Aufklärung einiger Punkte beizutragen, über welche die Meinungen noch gar weit auseinandergehen, hat meinen Überfall veranlasst. Allerdings muss ich dich bitten, die Veröffentlichung dieses unseres Gespräches zu gestatten, nicht zuletzt deshalb, weil der Mangel an Papier nicht der einzige Mangel ist, welcher meinem Freunde, dem Redaktor Berolinensis, den Schlaf verkürzt.

Da ich dir die Bereitwilligkeit ansehe, gehe ich sofort auf das Sachliche über. Seit die spezielle Relativitätstheorie aufgestellt ist, hat deren Ergebnis über den verzögernden Einfluss der Bewegung auf den Gang einer Uhr stets Widerspruch hervorgerufen, und zwar – wie mir scheint – mit gutem Grunde. Denn dies Ergebnis scheint notwendig zu einem Widerspruch mit den Grundlagen der Theorie zu führen. Damit wir uns vollkommen verstehen, sei dies Ergebnis der Theorie zunächst hinreichend scharf angegeben.

Es sei K ein galileisches Koordinatensystem im Sinne der speziellen Relativitätstheorie, d. h. ein Bezugskörper, relativ zu welchem isolierte, materielle Punkte sich geradlinig und gleichförmig bewegen. Es seien ferner U^1 und U^2 zwei genau gleich geschaffene, von außen nicht beeinflusste Uhren. Diese gehen gleich schnell, wenn sie unmittelbar nebeneinander oder auch in beliebiger Entfernung voneinander relativ zu K ruhend aufgestellt werden. Ist aber eine der Uhren, z. B. U^2, relativ zu K im Zustande gleichförmiger Translationsbewegung, so soll sie nach der speziellen Relativitätstheorie – vom Koordinatensystem K aus beurteilt – langsamer gehen als die relativ zu K ruhend angeordnete Uhr U^1. Dies Ergebnis berührt an sich schon seltsam. Schwere Bedenken bringt dasselbe mit sich, wenn man sich folgendes wohlbekannte Gedankenexperiment vergegenwärtigt.

A und B seien zwei voneinander entfernte Punkte des Systems K. Zur Fixierung der Vorstellung sei angenommen, dass A der Anfangspunkt von K, B ein Punkt auf der positiven x-Achse sei. Die beiden Uhren mögen zunächst beim Punkte A ruhen. Sie gehen dann gleich schnell, und es sei ihre Zeigerstellung die gleiche. Wir erteilen nun der Uhr U^2 eine konstante Geschwindigkeit im Sinne der positiven x-Achse, sodass sie sich nach B hin bewegt. Bei B denken wir uns die Geschwindigkeit umgekehrt, sodass sich U^2 wieder gegen A bewegt. Bei A angekommen, wird die Uhr aufgehalten, sodass sie nun wieder relativ zu U^1 in Ruhe ist. Da die von K aus beurteilte Veränderung der Zeigerstellung von U^2, welche eventuell während des Geschwindigkeitswechsels von U^2 eintreten könnte, sicherlich einen gewissen Betrag nicht übersteigt, und da U^2 während der gleichförmigen Bewegung längs der Strecke AB (von K aus beurteilt) langsamer geht als U^1, so muss bei hinreichender Länge der Strecke AB die Uhr U^2 nach ihrer Rückkehr gegenüber der Uhr U^1 nachgehen. – Bist du mit diesem Schluss einverstanden?

Relativist. Unbedingt einverstanden. Mit Bedauern habe ich gesehen, dass einige Autoren, die sonst auf dem Boden der Relativitätstheorie stehen, diesem unvermeidlichen Ergebnis ausweichen wollten.

Krit. Nun kommt der Haken. Nach dem Prinzip der Relativität muss doch der ganze Vorgang in genau gleicher Weise verlaufen, wenn er von einem Koordinatensystem K' aus dargestellt wird, welches die Bewegung der Uhr U^2 mitmacht. Relativ zu K' ist es dann die Uhr U^1, welche die Hin- und Herbewegung ausführt, während die Uhr U^2 dauernd in Ruhe geblieben ist. Es folgt dann, dass am Ende der Bewegung U^1 gegenüber U^2 nachgehen müsste, in Widerspruch mit dem obigen Ergebnis. Es kann doch von den gläubigsten Anhängern der Theorie nicht behauptet werden, dass von zwei nebeneinander ruhend angeordneten Uhren jede gegenüber der anderen nachgehe.

Rel. Deine letzte Behauptung ist selbstverständlich unbestreitbar. Aber die ganze Schlussweise ist deshalb unstatthaft, weil nach der speziellen Relativitätstheorie die Koordinatensysteme K und K' keineswegs gleichberechtigte Systeme sind. In der Tat behauptet ja diese Theorie die Gleichwertigkeit nur aller galileischen (unbeschleunigten) Koordinatensysteme, d. h. solcher Koordinatensysteme, relativ zu welchen hinreichend isolierte, materielle Punkte sich geradlinig und gleichförmig bewegen. Ein solches Koordinatensystem ist wohl K, nicht aber das zeitweise beschleunigte System K'. Es kann daher aus dem Ergebnis, dass die Uhr U^2 nach ihrer Hin- und Herbewegung gegenüber U^1 nachgehe, kein Widerspruch gegen die Grundlage der Theorie konstruiert werden.

Krit. Ich sehe ein, dass du damit diesen Einwand unwirksam gemacht hast, muss aber doch sagen, dass ich mich durch dein Argument mehr überführt als überzeugt fühle. Übrigens aufersteht mein Einwand sogleich wieder von den Toten, wenn man sich auf den Boden der allgemeinen Relativitätstheorie stellt. Denn da nach dieser Koordinatensysteme von *beliebigem* Bewegungszustand berechtigt sind, so kann der vorhin betrachtete Vorgang ebenso gut auf das mit

U^2 dauernd verbundene System K' bezogen werden wie auf das System K.

Rel. Es ist sicherlich richtig, dass wir uns vom Standpunkt der allgemeinen Relativitätstheorie aus ebenso gut des Koordinatensystems K' bedienen können als des Koordinatensystems K. Aber man sieht leicht ein, dass die Systeme K und K' mit Bezug auf den betrachteten Vorgang keineswegs gleichwertig sind. ...

Krit. Nach deinen letzten Ausführungen scheint es mir in der Tat, dass sich aus dem Uhren-Paradoxon innere Widersprüche der Relativitätstheorie nicht deduzieren lassen. Ja, es scheint mir jetzt nicht unwahrscheinlich, dass der Theorie innere Widersprüche überhaupt nicht anhaften, aber daraus folgt noch nicht, dass man die Theorie ernsthaft in Erwägung ziehen müsse. *Ich sehe wirklich nicht ein, warum man um einer gedanklichen Vorliebe willen – nämlich der für die Relativitätsidee – so schauerliche Komplikationen und rechnerische Schwierigkeiten auf sich nehmen müsste.* Dass diese nicht gering sind, hast du in deiner letzten Antwort selbst deutlich genug gezeigt. Wird es z. B. je jemand in den Sinn kommen, von der durch die Relativitätstheorie gebotenen Möglichkeit Gebrauch zu machen, die Bewegungen der Himmelskörper des Sonnensystems auf ein geozentrisches Koordinatensystem zu beziehen, das obendrein an der Drehbewegung der Erde teilnimmt? Wird man wirklich dies Koordinatensystem als »ruhend« und als gleichberechtigt ansehen dürfen, relativ zu welchem die Fixsterne mit ungeheuren Geschwindigkeiten um die Erde herumsausen? Verstößt solches Beginnen nicht gegen den gesunden Menschenverstand und gegen die Forderung der Ökonomie des Denkens? ...

Rel. Aus mehreren Gründen müssen wir die Komplikationen, in welche uns die Theorie führt, willig auf uns nehmen. Einmal bedeutet es für einen konsequent denkenden Menschen eine große Befriedigung, einzusehen, dass der Begriff der absoluten Bewegung, dem kinematisch kein Sinn zuerkannt werden kann, in die Physik nicht eingeführt zu werden braucht; es kann nicht geleugnet werden, dass das Fundament der Physik durch Vermeidung dieses Begriffes an Folgerichtigkeit gewinnt. Ferner verlangt die Tatsache der Gleichheit der Trägheit und Schwere der Körper gebieterisch nach Aufklärung. Abgesehen davon braucht die Physik eine Methode, um zu der Nahewirkungstheorie der Gravitation zu gelangen. Ohne ein wirksam einschränkendes Prinzip konnten sich die Theoretiker an dieses Problem kaum heranwagen, weil *gar viele Theorien* aufgestellt werden könnten, die den ziemlich beschränkten Erfahrungen auf diesem Gebiete gerecht werden. *Embarras de richesse* ist einer der bösartigsten Gegner, die dem Theoretiker das Leben sauer machen. Durch das Postulat der Relativität wurden die Möglichkeiten derart eingeschränkt, dass der Weg vorgezeichnet war, den die Theorie gehen musste. Endlich musste die säkulare Perihel-Bewegung des Planeten Merkur erklärt werden, deren Existenz von den Astronomen sicher konstatiert war, und deren Erklärung auf dem Boden der Newton'schen Theorie nicht befriedigend gelingen wollte. – Mit der Behauptung der *prinzipiellen* Gleichwertigkeit der Koordinatensysteme ist nicht gesagt, dass jedes Koordinatensystem für die Untersuchung eines bestimmten physikalischen Systems in gleichem Maße *bequem* sei; dies ist schon der Fall bei der klassischen Mechanik. Streng genommen darf man z. B. nicht sagen, die Erde bewege sich in einer

Ellipse um die Sonne, weil diese Aussage ja ein Koordinatensystem voraussetzt, in welchem die Sonne ruht, während die klassische Mechanik doch auch Systeme zulässt, relativ zu welchen die Sonne geradlinig und gleichförmig *bewegt* ist. ...

Krit. Nach diesem Gespräch muss ich doch zugeben, dass die Widerlegung eurer Auffassung nicht so einfach ist, als es mir früher erschien. Wohl habe ich noch manche Einwände in petto. Aber ich will dich damit nicht behelligen, bevor ich unser heutiges Gespräch genau durchdacht habe. Bevor wir scheiden, noch eine Frage, die keinen Einwand betrifft, sondern die ich aus reiner Neugierde stelle: Wie steht es denn jetzt mit dem kranken Mann der theoretischen Physik, dem Äther, den manche von euch als endgültig tot erklärt haben?

Rel. Ein wechselvolles Schicksal hat er hinter sich, und man kann durchaus nicht sagen, dass er nun tot sei. Vor *Lorentz* existierte er als alles durchdringende Flüssigkeit, als gasähnliche Flüssigkeit und sonst noch in den verschiedensten Daseinsformen, verschieden von Autor zu Autor. Mit *Lorentz* wurde er starr und verkörperte das »ruhende« Koordinatensystem bzw. einen bevorzugten Bewegungszustand in der Welt. Gemäß der speziellen Relativitätstheorie gab es keinen bevorzugten Bewegungszustand mehr; dies bedeutete Leugnung des Äthers im Sinne der früheren Theorien. Denn gab es einen Äther, so musste er in jedem Raum-Zeitpunkt einen bestimmten Bewegungszustand haben, der in der Optik eine Rolle spielen musste. Einen solchen bevorzugten Bewegungszustand aber gibt es nicht, wie die spezielle Relativitätstheorie lehrte, und darum gibt es auch keinen Äther im alten Sinne. Auch die allgemeine

Relativitätstheorie kennt keinen bevorzugten Bewegungszustand in einem Punkt, den man etwa als Geschwindigkeit eines Äthers interpretieren könnte. Während aber nach der speziellen Relativitätstheorie ein Raumteil ohne Materie und ohne elektromagnetisches Feld als schlechthin leer, d.h. durch keinerlei physikalische Größen charakterisiert erscheint, hat nach der allgemeinen Relativitätstheorie auch der in diesem Sinne leere Raum physikalische Qualitäten, welche durch die Komponenten des Gravitationspotentials mathematisch charakterisiert sind, welcher das metrische Verhalten dieses Raumteils sowie dessen Gravitationsfeld bestimmen. Man kann diesen Sachverhalt sehr wohl so auffassen, dass man von einem Äther spricht, dessen Zustand von Punkt zu Punkt stetig variiert. Nur muss man sich davor hüten, diesem »Äther« stoffähnliche Eigenschaften (z.B. an jeder Stelle eine bestimmte Geschwindigkeit) zuzuschreiben.

---

*Unter »Relativist« ist hier ein Anhänger der physikalischen Relativitätstheorie, nicht des philosophischen Relativismus zu verstehen.

BIG CHILL

ANDREAS CHRIST SØLVSTEN JØRGENSEN

Ein psychotherapeutisches Unterprogramm beendete seine Analyse und meldete stolz dem Bewusstsein des Androiden, dass einige offensichtliche Fehlfunktionen der Hauptprogramme vorlagen, woraufhin das Bewusstsein beleidigt das Unterprogramm löschte. Zufrieden stellte der Androide fest, dass keine weiteren Unterprogramme seine geistige Gesundheit infrage stellten, und führte seinen Plausch mit dem Stein in seiner rechten Hand fort.

Früher, als Menschen noch die Erde bevölkert hatten, hatte der Androide ergiebigere Gespräche führen können, aber da seine Meister seit mehreren Milliarden Jahren ausgestorben waren, musste er sich als einsamer Verwalter eines Wüstenplaneten mit Granit zufriedengeben. Wenigstens konnten Steine gut zuhören.

Er erzählte dem Stein von Reisen zu längst zerstörten Welten und davon, wie die Sonne einige Milliarden Jahre nach dem Tod des letzten Menschen um Haaresbreite die Erde verschlang. Damals hatte er im Alleingang den Planeten retten können, indem er die Erde aus ihrer Umlaufbahn schleudern ließ, und obwohl er damit unbeabsichtigt alles irdische Leben ausrottete, war er mit dem Ergebnis sehr zufrieden gewesen. Im Nachhinein konnte er auch nicht behaupten, dass er sich nach der Zeit vor dem fahrlässigen Armageddon zurücksehnte. Seit es keine Tauben mehr gab, musste er nur noch selten die Radioteleskope putzen. Auch das Fehlen von Moos, Ratten und Sauerstoff kam ihm ganz gelegen.

Abgesehen von einer Handvoll abgestürzter Raumschiffe hatten die Äonen in der Wüste dem Androiden nicht viel Abwechslung zu bieten gehabt. Ziellos trieb die Erde durch die Galaxis, während das Himmelszelt verdunkelte. Insgesamt war das Universum ziemlich langweilig geworden, und um ehrlich zu sein war der Androide vom Kosmos etwas enttäuscht. Dabei hatte alles so vielversprechend angefangen. Nach dem Urknall dehnte sich das Universum aus und kühlte ab, womit sich die ersten Sterne bilden konnten, in dessen Inneren die Elemente geschmiedet wurden, und aus dem Staub erloschener Sterne entstanden Planeten, in dessen wogenden Meeren Leben entstand. Nun hätte das Universum sich wieder zusammenziehen können, um auf eine erfolgreiche Schöpfung eine genauso sensationelle Neuaufführung folgen zu lassen. Stattdessen dehnte sich das Weltall immer schneller aus. Wäre der Kosmos ein Theaterstück gewesen, hätten Kritiker diese Entscheidung zerpflückt und ein großes Finale verlangt. So hoffte der Androide, dass die Ausdehnung irgendwann zum Zerreißen der Raumzeit führen würde, aber ein solches Ende blieb scheinbar aus. Bald würden die verbliebenen Lichter am Nachthimmel ausgehen oder sich außer Sichtweite bewegen, und die Dunkelheit würde alles umhüllen. Alles wich der Leere. Ein nüchterner Exitus. Langweilig.

Der Androide ließ den Stein fallen und warf einen nachdenklichen Blick über die Dünen, die sich bis zum Horizont erstreckten. Wie ein Partygast, den man nach einer Feier nicht loswurde, würde er wahrscheinlich noch da sein, wenn der letzte Stern unspektakulär zugrunde ging. Dabei kannte er die Gastgeber nur flüchtig. Die dunkle Materie hatte sich immer im Hintergrund gehalten, aber war dafür verantwortlich gewesen, die Gäste in Gruppen zusammenzuführen, und keiner hatte die dunkle Energie durchschaut, obwohl sie schon nach wenigen Milliarden Jahren die Regie übernommen hatte. Zurzeit löste die dunkle Energie die Party auf.

Er stand auf und trottete Richtung Hauptquartier, das einsam zwischen den Dünen emporragte. Zur Blütezeit der Menschheit war das Hauptquartier im Zentrum einer pulsierenden Metropole errichtet worden, und so spazierte der Androide gerade durch den früheren Grundbesitz der kaiserlichen Staatsoper. Er hielt kurz inne und schaltete dann die Stereoanlage, die in seiner Brust eingebaut war, auf volle Lautstärke ein. Wagner brachte den Wüstensand zum Vibrieren. Als das mobile Labor zur Auswertung von Gesteinsproben in seinem Torso Fehlfunktionen aufgewiesen hatte, hatte er es kurzerhand durch Lautsprecher ersetzt, und seiner Meinung nach stellte dieses Upgrade eine seiner besten Entscheidungen dar. Er war jedoch bereit, diese Aussage jederzeit zurückzuziehen. Immerhin hatte jedes der bisher heruntergeladenen psychologischen Unterprogramme ihn als verrückt erklärt. Andererseits war Psychologie wohl kaum eine ernst zu nehmende Wissenschaft und er musste sich ja irgendwie bei Laune halten.

Um sich zu beschäftigen, baute er jeden Dienstag neue Fehler in wesentliche Programme des Hauptquartiers ein und löschte danach die Erinnerungen an sein Vorgehen. Spätestens Donnerstagnachmittag führte dies in der Regel zu kritischen Notfällen, was oft das ganze Wochenende seine volle Aufmerksamkeit beanspruchte. Er entfernte auch ab und zu Erinnerungen an Musik oder Literatur, um jene Kunstwerke neu entdecken zu können. Wie das Universum litt der Androide damit an selbst verschuldeter Amnesie: Es dauerte mehrere Millionen oder sogar Milliarden Jahre, bis das Licht aus fernen Galaxien die tote Erde erreichte, und so war der Nachthimmel ein Fenster in die Vergangenheit, aber am Firmament waren nur noch wenige Galaxien zu sehen. Die dunkle Energie stob die Sterne so schnell auseinander, dass sie sich aus den Augen verloren, und so stahl die dunkle Energie dem Kosmos jede Erinnerung an vergangene Epochen. Eine Zivilisation, die heute zum ersten Mal zum Himmel blickte, würde nie erfahren, wie das Universum entstanden war, und würde deshalb nicht durchschauen, dass der Kosmos im Sterben lag. Das Universum starb den langsamen Tod eines senilen Greises statt den glorreichen Tod im Flammenmeer.

Der Androide blieb stehen und suchte nach seinen Schlüsseln, die er offenbar verlegt hatte. Wahrscheinlich hatte er das absichtlich getan, aber er konnte sich nicht daran erinnern. Dann musste er eben durch den Luftschacht ins Innere kriechen, wenn er das Hauptquartier erreichte. Es hatte keine Eile. Wie jeden Abend wollte er bloß noch seine Waffe reinigen, bevor er seinen Akkumulator wieder auflud. Wie jeden Abend würde er aus Gewohnheit jedoch noch eine halbe Stunde mit der Pistole an seiner Schläfe dasitzen und über sein Leben nachdenken, und darüber, ob er es beenden sollte. Dann würde er sich wahrscheinlich wie an jedem bisherigen Tag dafür entscheiden, bis morgen zu warten in der Hoffnung, dass ein Schiff in der Wüste notlanden und neue Gefährten bringen würde.

Bis zur nächsten Notlandung würde er sich jedoch selbst unterhalten müssen. Er starrte zum Himmel empor und ging weiter. Dann lud er ein neues psychotherapeutisches

Unterprogramm herunter, schützte die Datei durch ein Passwort und löschte daraufhin jedwede Erinnerung an die Verschlüsselung des Programms, womit es mindestens drei Stunden dauern würde, bis er die Datei wieder entfernen konnte. Das neue Unterprogramm stufte dieses Verhalten erpicht als bedenklich ein und gab die Entdeckung der Verhaltensstörung vergnügt an das Hauptprogramm weiter. Das Bewusstsein des Androiden fluchte und machte sich daran, das Passwort zu knacken.

ULRIKE DRAESNER

WOLF'S HOPE-SOUND

(IN THE SHAPE OF HALF A MOON)

having bought a silver bike rusty and worn
you arrowed port meadow's treacle trails
wading yourself a new life up. larks spurring
the sky the sign on the saddle said »activ-« (e
rubbed off - you hiding it beneath your thigh
owner number 8 or 17 who you might
be. we don't know in whose position
we sit or reach up a little above one of the bushes or
a bleeding horse's head here amongst grass: found
between gates and sky lights exceeding themselves
sprinkling the floor of the house still so foreign
when the fire alarm three blocks further ticked off
that evening yet again. just another invisible wave
sprang over light the treacherous light on the stairs
worn by feet and hands so many lives before
who dashed out of the house up these steps –

whilst the danish dog next door
freshly imported, allergeneproof white
tiny and wooly keeps howling the spirits
up which doesn't need to be understood
as an expression of f-ight

KOSMOLOGISCHE BETRACHTUNGEN ZUR ALLGEMEINEN RELATIVITÄTSTHEORIE

ALBERT EINSTEIN

§ 2. DIE GRENZBEDINGUNGEN GEMÄSS DER ALLGEMEINEN RELATIVITÄTSTHEORIE

Im Folgenden führe ich den Leser auf dem von mir selbst zurückgelegten, etwas indirekten und holperigen Wege, weil ich nur so hoffen kann, dass er dem Endergebnis Interesse entgegenbringe. Ich komme nämlich zu der Meinung, dass die von mir bisher vertretenen Feldgleichungen der Gravitation noch einer kleinen Modifikation bedürfen, um auf der Basis der allgemeinen Relativitätstheorie jene prinzipiellen Schwierigkeiten zu vermeiden, die wir im vorigen Paragraphen für die Newton'sche Theorie dargelegt haben. Diese Modifikation entspricht vollkommen dem Übergang von der Poisson'schen Gleichung (1) zur Gleichung (2) des vorigen Paragraphen. Es ergibt sich dann schließlich, dass Grenzbedingungen im räumlich Unendlichen überhaupt entfallen, da das Weltkontinuum bezüglich seiner räumlichen Erstreckungen als ein in sich geschlossenes von endlichem, räumlichem (dreidimensionalem) Volumen aufzufassen ist.

Meine bis vor Kurzem gehegte Meinung über die im räumlich Unendlichen zu setzenden Grenzbedingungen fußte auf folgenden Überlegungen. ...

§ 4. Über ein an den Feldgleichungen der Gravitation anzubringendes Zusatzglied

Die von mir vorgeschlagenen Feldgleichungen der Gravitation lauten für ein beliebig gewähltes Koordinatensystem

$$\left.\begin{aligned} G_{\mu\nu} &= -\kappa\left(T_{\mu\nu} - \frac{1}{2} g_{\mu\nu} T\right) \\ G_{\mu\nu} &= -\frac{\partial}{\partial x_\alpha}\begin{Bmatrix}\mu\nu\\ \alpha\end{Bmatrix} + \begin{Bmatrix}\mu\alpha\\ \beta\end{Bmatrix}\begin{Bmatrix}\nu\beta\\ \alpha\end{Bmatrix} \\ &\quad + \frac{\partial^2 \lg\sqrt{-g}}{\partial x_\mu \partial x_\nu} - \begin{Bmatrix}\mu\nu\\ \alpha\end{Bmatrix}\frac{\partial \lg\sqrt{-g}}{\partial x_\alpha} \end{aligned}\right\} . \qquad (13)$$

Das Gleichungssystem (13) ist keineswegs erfüllt, wenn man für die $g_{\mu\nu}$ die in (7), (8) und (12) gegebenen Werte und für den (kontravarianten) Tensor der Energie der Materie die in (6) angegebenen Werte einsetzt. Wie diese Rechnung bequem auszuführen ist, wird im nächsten Paragraphen gezeigt werden. Wenn es also sicher wäre, dass die von mir bisher benutzten Feldgleichungen (13) die einzigen mit dem Postulat der allgemeinen Relativität vereinbaren wären, so müssten wir wohl schließen, dass die Relativitätstheorie die Hypothese von einer räumlichen Geschlossenheit der Welt nicht zulasse.

Das Gleichungssystem (14) erlaubt jedoch eine naheliegende, mit dem Relativitätspostulat vereinbare Erweiterung, welche der durch Gleichung (2) gegebenen Erweiterung der

Poisson'schen Gleichung vollkommen analog ist. Wir können nämlich auf der linken Seite der Feldgleichung (13) den mit einer vorläufig unbekannten universellen Konstante $-\lambda$ multiplizierten Fundamentaltensor $g_{\mu\nu}$ hinzufügen, ohne dass dadurch die allgemeine Kovarianz zerstört wird; wir setzen an die Stelle der Feldgleichung (13)

$$G_{\mu\nu} - \lambda g_{\mu\nu} = -\kappa \left(T_{\mu\nu} - \frac{1}{2} g_{\mu\nu} T \right) . \qquad (13a)$$

Auch diese Feldgleichung ist bei genügend kleinem λ mit den am Sonnensystem erlangten Erfahrungstatsachen jedenfalls vereinbar. Sie befriedigt auch Erhaltungssätze des Impulses und der Energie, denn man gelangt zu (13a) an Stelle von (13), wenn man statt des Skalars des Riemann'schen Tensors diesen Skalar, vermehrt um eine universelle Konstante, in das Hamilton'sche Prinzip einführt, welches Prinzip ja die Gültigkeit von Erhaltungssätzen gewährleistet. ...

§ 5. Durchführung der Rechnung. Ergebnis.

Die neu eingeführte universelle Konstante λ bestimmt also sowohl die mittlere Verteilungsdichte ρ, welche im Gleichgewichte verharren kann, als auch den Radius R des sphärischen Raumes und dessen Volumen $2\pi^2 R^3$. Die Gesamtmasse M der Welt ist nach unserer Auffassung endlich, und zwar gleich

$$M = \rho \cdot 2\pi^2 R^3 = 4\pi^2 \frac{R\cdot}{x\cdot} = \frac{\sqrt{32}\,\pi^2}{\sqrt{\kappa^3 \rho}} \quad . \qquad (15)$$

Die theoretische Auffassung der tatsächlichen Welt wäre also, falls dieselbe unserer Betrachtung entspricht, die folgende. Der Krümmungscharakter des Raumes ist nach Maßgabe der Verteilung der Materie zeitlich und örtlich variabel, lässt sich aber im Großen durch einen sphärischen Raum approximieren. Jedenfalls ist diese Auffassung logisch widerspruchsfrei und vom Standpunkte der allgemeinen Relativitätstheorie die naheliegendste: ob sie, vom Standpunkt des heutigen astronomischen Wissens aus betrachtet, haltbar ist, soll hier nicht untersucht werden. Um zu dieser widerspruchsfreien Auffassung zu gelangen, mussten wir allerdings eine neue, durch unser tatsächliches Wissen von der Gravitation nicht gerechtfertigte Erweiterung der Feldgleichungen der Gravitation einführen. Es ist jedoch hervorzuheben, dass eine positive Krümmung des Raumes durch die in demselben befindliche Materie auch dann resultiert, wenn jenes Zusatzglied nicht eingeführt wird: das Letztere haben wir nur nötig, um eine quasistatische Verteilung der Materie zu ermöglichen, wie es der Tatsache der kleinen Sterngeschwindigkeiten entspricht.

CAROLINE HARTGE

BÖSER ORT

Nach jedem Appell
blieben fünf oder sechs auf dem Platz liegen,
sterbend oder tot.

I

ein ort den alle wege meiden;
und doch weiß die erinnerung den weg.

hier brüten über wer weiß was für gift / an teichen aus schweigen / weiden ohne gedächtnis / in undurchdrungenem dickicht / hier hocken geister: gewalt und mord / wachen pfähle aus beton geknickt / gehenkte oder galgen / scheuchen schilder uns von diesem grund / und boden voller säure blei und blut. / nesseln beerendorn / durchwuchern draht über menschen / hoch und bettstellen in denen der rost schläft / den niemand wecken will

es sickert ins gedächtnis
und frisst sich ins gemüt: es war hier.

ALLE GEHEN

treppab treppab
tiefer und tiefer
unter die verbrannte erde
in ein gelächter aus hohn
in eilends sich entfernende
schritte
    hinter purpurnen vorhängen
    wehend im heißen wind aus atemloser glut
dem feuer entgegen
durch eine finsternis
voller anwesenheit
und kleiner blauer flämmchen
kleiner blauer irrlichter
ins feuer hinein

alle ziehen
im träumen im wachen
rundherum rundherum
    in girum imus nocte
    et consumimur igni

die treppe bricht ab
alle fallen
in strömender glut
in rauschenden flammen
lächelnd
mit versengtem haar
willkommen sagt Anterrabae
so lächle doch lächle
das feuer zieht
dir die haut von den zähnen

HEUREKA

VERSUCH ÜBER DAS MATERIELLE UND GEISTIGE WELTALL

EDGAR ALLAN POE

Zögernd und bescheiden – ja, mit einem Gefühl der Scheu – schreibe ich den ersten Satz dieses Werkes nieder: denn mein Gegenstand ist der feierlichste von allen, die man ersinnen kann – der umfassendste – der schwierigste – der erhabenste.

Wie soll ich die Worte finden, einfach genug in ihrer Herrlichkeit – herrlich genug in ihrer Einfachheit –, um nur mein Thema zusammenzufassen.

Ich will von dem physischen, metaphysischen und mathematischen – vom materiellen und geistigen Weltall sprechen: von seinem Wesen und Ursprung, seiner Schöpfung, seinem gegenwärtigen Zustand und seiner Zukunft. Zudem bin ich verwegen genug, zu Folgerungen herauszufordern, durch deren Aussagen der Scharfsinn vieler großer und mit Recht verehrter Gelehrter in Frage gestellt wird.

Meine allgemeine Behauptung also ist: In der ursprünglichen Einheit des ersten Dinges liegt die Ursache aller Dinge, mit der Anlage zu ihrer unvermeidlichen Vernichtung. ...

Gehen wir nun an die Untersuchung, was die Materie sein muss, wenn sie im absoluten, im äußersten Zustand der Einfachheit ist. Da denken wir sofort an Ungeschiedenheit – an einen Kern – an einen Kern – einen Kern einer Art – eines Charakters – einer Natur – einer Größe – einer Gestalt – an einen Kern also ohne Gestalt, »öde und leer« – einen Kern, der ganz und gar Kern ist, ganz einzig, ein ungeteiltes Individuum, das nur darum nicht unteilbar ist, weil Der, der es kraft seines Willens schuf, es doch wohl durch eine unendlich geringere Anstrengung seines Willens auch teilen kann.

Einheit also ist alles, was ich von der Materie im Moment der ursprünglichen Schöpfung aussage; aber ich werde zeigen, dass dieses Prinzip der Einheit völlig genug ist, um den Ursprung, die gegenwärtigen Erscheinungen und die unvermeidliche, schließliche Vernichtung wenigstens des materiellen Weltalls zu erklären.

Die Bereitschaft, der ursprüngliche Kern zu sein, hat die Tat, oder besser gesagt die Empfängnis der Schöpfung vollendet. Wir gehen jetzt dazu über, zu untersuchen, zu welchem Ende wohl der Kern erschaffen wurde – das heißt, soweit wir jetzt schon imstande sind, dieses Ziel zu erkennen – die Entstehung des Weltalls eben aus diesem Kern.

Diese Entstehung entsprang daraus, dass das, was ursprünglich, also normalerweise Eins war, in den unnormalen Zustand der Vielheit gezwungen wurde. Eine Aktion dieser Art bedingt die Reaktion. Eine unter diesen Bedingungen vor sich gehende Zerstreuung aus der Einheit heraus schließt die Tendenz in sich, wieder zur Einheit zurückzukehren – diese Tendenz ist unausrottbar, bis ihr Genüge getan ist. Aber darauf komme ich späterhin ausführlicher.

Die Annahme völliger Einheit im ursprünglichen Kern schließt die Annahme unendlicher Teilbarkeit ein. Stellen wir uns also vor, der Kern sei durch die Zerstreuung in den Raum nahezu vollständig erschöpft. Nehmen wir an, von dem einen Kern als Mittelpunkt seien nach allen Richtungen – kugelförmig – in unermesslich große, aber doch begrenzte Entfernungen – eine gewisse unaussprechlich große, doch beschränkte Zahl unvorstellbar, aber doch nicht unendlich kleiner Atome in den vorher leeren Raum ausgestrahlt.

Alles in allem sehen wir also, dass es überflüssig und demnach unphilosophisch wäre, von den Atomen in Bezug auf ihre Hervorbringungen irgend mehr auszusagen als Verschiedenheit der Gestalt im Augenblick ihrer Zerstreuung und Verschiedenheit der einzelnen Abstände nach der Zerstreuung – da alle übrigen Verschiedenheiten sich ohne weiteres aus diesen in den allerersten Stadien der Körperbildung ergeben: – wir begründen das Weltall so auf einer rein geometrischen Grundlage. Selbstverständlich ist es durchaus nicht notwendig, eine absolute Verschiedenheit auch nur der Gestalt zwischen allen ausgestrahlten Atomen anzunehmen, ebenso wenig wie absolute Verschiedenheit der einzelnen Abstände in Bezug auf das Verhältnis eines jeden Atoms zu jedem anzunehmen ist. Lediglich die Erkenntnis wird erfordert, dass keine benachbarten Atome von gleicher Gestalt sind – keine Atome, die sich jemals einander nähern können, bis zu ihrer unvermeidlichen Wiedervereinigung am Ende.

Während wir in der Tat die Tendenz der zerstreuten Atome, zur Einheit zurückzukehren, sofort als Newtons Prinzip der Gravitation erkennen werden, gewahren wir, dass der von mir so genannte repulsive Einfluss, der der (sofortigen) Durchführung der Tendenz Schranken setzt, nichts anderes ist als das, was wir bisher gewohnt waren, bald Wärme, bald Magnetismus, bald Elektrizität zu nennen; wie wenig wir von seinem Ehrfurcht gebietenden Charakter wussten, zeigten wir durch die schwankende Terminologie, mit deren Hilfe wir ihn umschreiben wollten.

Nennen wir diesen Einfluss, nur für den Augenblick, Elektrizität, so wissen wir, dass jede experimentelle Erforschung der Elektrizität zum letzten Ergebnis das Prinzip oder Scheinprinzip der Heterogenität hatte. Nur da, wo Dinge voneinander verschieden sind, ist Elektrizität wahrzunehmen; und man darf annehmen, dass sie nie voneinander verschieden sind, ohne dass sie wirksam, wenn schon nicht wahrnehmbar ist. Dieses Ergebnis nun stimmt völlig überein mit dem, was ich auf nichtempirischem Wege gefunden habe. Ich habe behauptet, die Bestimmung des repulsiven Einflusses bestehe darin, die sofortige Einheit der zerstreuten Atome zu hindern; und diese Atome sind als voneinander verschieden dargestellt. Verschiedenheit ist ihr Charakter – ihr Wesen, gerade wie Nichtverschiedenheit das Wesen ihres Trachtens war. Wenn wir also sagen, ein Versuch, zwei beliebige von diesen Atomen zusammenzubringen, bringe den repulsiven Einfluss zu dem Bemühen, dieses Verschmelzen zu verhindern, so können wir uns ebenso wohl des genau entsprechenden Satzes bedienen und sagen: ein Versuch, zwei Verschiedenheiten zusammenzubringen, führt zur Entwicklung von Elektrizität. Alle Körper, die es gibt, sind natürlich aus diesen Atomen, die sich nachbarlich berühren, zusammengesetzt und müssen also als bloße Ansammlungen von größeren oder kleineren Verschiedenheiten betrachtet werden; und wenn man so zwei beliebige Ansammlungen zusammenbringen wollte, so wäre die Größe des Widerstandes, den der repulsive Geist ausübt, im Verhältnis der zwei Summen der Verschiedenheiten in jeder Ansammlung – um eine abgekürzte Formel für diesen Ausdruck zu geben: Der Grad der Elektrizität, die bei Annäherung zweier Körper entwickelt wird, ist proportional dem Unterschied zwischen den zwei Summen der Atome, aus denen die Körper zusammengesetzt sind. Dass keine zwei Körper absolut gleich sind, ist lediglich ein Zusatz zu dem hier Gesagten. Die Elektrizität also, die überall ist, entwickelt sich, wenn irgend zwei Körper einander genähert werden, aber sie wird erst wahrnehmbar, wenn es sich um Körper von merklicher Verschiedenheit handelt.

Ich sagte vorhin, was ich als die Tendenz der zerstreuten Atome, in ihre ursprüngliche Einheit zurückzukehren, beschrieben habe, müsse als identisch mit Newtons Prinzip des Gravitationsgesetzes aufgefasst werden; und in der Tat kann eine solche Auffassung nur geringe Schwierigkeit machen, wenn wir Newtons Gravitation nur ganz im Allgemeinen, als die Kraft, die die Materie dazu treibt, Materie anzuziehen, betrachten; das heißt, wenn wir den bekannten *modus operandi* der Newton'schen Kraft nicht beachten. Die Übereinstimmung im Allgemeinen befriedigt uns; aber wenn wir näher zusehen, dann bemerken wir im Speziellen vieles, was nicht zu stimmen scheint, und vieles, wo wenigstens keine Übereinstimmung konstatiert ist. Zum Beispiel scheint die Newton'sche Gravitation, wenn wir an bestimmte Formen denken, ganz und gar nicht eine Tendenz zur Einheit zu sein, sondern eher eine Tendenz aller Körper nach allen Richtungen – und dieser Satz scheint doch eine Tendenz zur Zerstreuung auszudrücken. Hier also fehlt die Übereinstimmung. Wenn wir ferner an das mathematische Gesetz denken, das die Newton'sche Tendenz beherrscht, so sehen wir klar, dass keine Übereinstimmung in Bezug auf den *modus operandi* wenigstens zwischen der Gravitation, wie sie bekannt ist, und der scheinbar einfachen und unmittelbaren Tendenz, die ich angenommen habe, ausgemacht ist.

Hier habe ich nun in der Tat den Punkt erreicht, wo es ratsam erscheint, meine Position dadurch zu stärken, dass ich meine Darstellungsmethode umkehre. Bisher sind wir a priori vorgegangen, von dem abstrakten Begriff der Einfachheit aus, der sehr geeignet war, den ursprünglichen Akt Gottes zu charakterisieren. Sehen wir jetzt zu, ob die festgestellten Tatsachen der Newton'schen Gravitation uns nicht a posteriori mit einigen Induktionen fördern können.

Was erklärt das Gesetz Newtons? Dass alle Körper sich gegenseitig anziehen, und zwar mit Kräften, die dem Quadrat ihrer Entfernungen proportional sind. Absichtlich habe ich an erster Stelle die gewöhnliche Fassung des Gesetzes gegeben, und ich gestehe: in dieser, wie in vielen andern üblichen Fassungen großer Wahrheiten, finden wir wenig, was uns erleuchten könnte. Wählen wir daher jetzt eine philosophischere Terminologie: Jedes Atom eines jeden Körpers zieht jedes andere Atom sowohl seines eigenen wie jedes andern Körpers mit einer Kraft an, die sich umgekehrt verhält wie die Quadrate der Entfernungen zwischen dem anziehenden und dem angezogenen Atom. So ergießt sich in der Tat ein Strom der Erleuchtung über unsern Geist.

Nun ist aber die Reaktion, wenn wir irgendetwas davon wissen, die umgekehrte Aktion. Da wir zuvörderst das allgemeine Prinzip der Gravitation als die Reaktion auf einen Akt betrachtet haben – als den Ausdruck des Verlangens vonseiten der Materie, den Zustand der Zerstreuung aufzugeben und in die Einheit, aus der sie entsprungen war, zurückzukehren; und da es zweitens unsern Geist verlangte, den Charakter dieser Sehnsucht festzustellen – die Art und

Weise, in der sie ihre Natur offenbarte; mit andern Worten: da unser Geist ein wahrscheinliches Gesetz oder den *modus operandi* für die Rückkehr suchte, so musste er doch wohl zu dem Schlusse kommen, dass dieses Gesetz der Rückkehr genau die Umkehrung des Ausgangsgesetzes sein würde. Dass dieses sich so verhalte, das anzunehmen wird jedermann vollauf erlaubt sein müssen bis zu der Zeit wenigstens, bis einer so etwas wie einen einleuchtenden Grund angibt, warum es sich nicht so verhalten soll – bis zu dem Moment also, wo ein Gesetz der Rückkehr aufgestellt wird, das der Geist als vorzüglicher betrachten kann.

Die Materie also, die mit einer Kraft in den Raum strahlte, die sich im Verhältnis der Quadrate der Entfernungen veränderte, wird – das dürfen wir a priori vermuten – in der Richtung nach dem Zentrum der Strahlung mit einer Kraft zurückkehren, die sich umgekehrt wie die Quadrate der Entfernungen verändert: und ich habe bereits gezeigt, dass jedes Prinzip, das erklärt, warum die Atome, einem bestimmten Gesetz gehorchend, dem gemeinsamen Zentrum zustreben, zugleich als genügende Erklärung dafür gelten muss, warum sie einander zustreben. Denn in der Tat ist die Tendenz gegen das gemeinsame Zentrum nicht eine Tendenz zu einem Zentrum als solchem, sondern sie tritt darum ein, weil jedes Atom, das sich in der Richtung nach diesem Zentrum treiben lässt, damit den unmittelbarsten Weg zu seinem wahren und eigentlichen Zentrum verfolgt, der Einheit – der absoluten Allvereinigung, die das Ende sein wird.

Die Auffassung, die aus dem hier Dargetanen spricht, bietet meinem eigenen Geiste nicht das mindeste Hindernis – aber diese Tatsache verblendet mich nicht gegen die

Möglichkeit, dass meine Darlegung für solche dunkel ist, die weniger gewöhnt sind, mit Abstraktionen umzugehen: – und alles in allem ist es jedenfalls gut, die Sache noch von einem oder zwei andern Gesichtspunkten zu betrachten.

Mit einer Ausdrucksweise, deren scheinbare Affektiertheit man um ihrer Ausdrucksfülle willen verzeihen möge, können wir sagen: Reaktion ist die Rückkehr aus dem Zustande des *Wie es ist und nicht sein sollte* in den Zustand des *Wie es ursprünglich war und also sein soll*; – und man erlaube, dass ich noch hinzufüge: Die absolute Stärke der Reaktion würde ohne Zweifel immer direkt proportional mit dem Wirklichen – der Wahrheit – der Unbedingtheit – des Ursprünglichen gefunden werden – wenn es je möglich wäre, dieses Letztere zu messen: – und folglich muss unter allen denkbaren Arten von Reaktion die die größte sein, die von der Tendenz hervorgebracht wird, die wir hier erörtern – der Tendenz, zum absolut Ursprünglichen – zum äußerst Primitiven zurückzukehren. Die Gravitation also muss die stärkste aller Kräfte sein – diesen Gedanken haben wir a priori gewonnen, und er wird überreichlich durch Induktion unterstützt.

Deutsch von Hedwig Lachmann.

FRÜHE ZEICHNUNG DES KREBSNEBELS, REST EINER SUPERNOVA (MITTE 19. JAHRHUNDERT)

DUNKLE ENERGIE

Fidaris will find where the Doubt arises like Nieman from Nirgends found the Nihil
James Joyce, Finnegans Wake

werg. ginnungagap & gechillter eng verdrillter orkus, schläfriger
bigbang. tartaros = nifelheim + dunkelheit : logos an den äther

& himmlische playlist. aller anfang ist dünkel, o schwarzlochdings
au gogo, gesang der gasriesen. muspelli, herzauf & herzab in state
of the art!?

werwaswo fing überhaupt an? $e=mc^2$? ene mene mu? meme?
gedrillter supertuesday up in the skies! ewiger tort, henne und ei.
ist das weltall gar aus holz?

oder aus gegerbter hasenhaut?

das multiversum in a nutshell nifelheim womb to tomb: this is
good. good? good! larmoyant-flamboyantes gasgekuschel.
existenz ist schon ein bedeutsamer hut!, God?

dreifaltige antimaterie & andvaranaut macht sonnenfinsternus
einjustiert in ein stoßgebet, everlasting dark pool, umschlagplatz
of a string.

wie alles so ringsum daherfafnert from hell! weder fisch noch
fleisch, plaste und/oder elaste in a randgebiet of wunschlosigkeit?
dunkle materie, vierwertiger kohlenstoff. – was für ne pracht!

zurückfahren auf ursprung? ist das weltall gar aus welthaltigkeit?

sigurd said: das weltall ist ein hirschledernes disneyland, cheri.
und der blaue planet? insel der glückseligkeit in nuce!
kumpelsystem der planeten? energetisches gekungel!

muspelheimer himmelsdrillich for a piece of cocoon. blitz. blitz?
blitz! der rest grauzone, unerforschte spiele und ernste, twills and
trills. engelsflocke.

DREI:KOSMOS

DER ANFANG DER WELT AUS DER SICHT DER QUANTENTHEORIE

GEORGES LEMAÎTRE

DEUTSCH VON ALEXANDER LASKA UND KLAUS MECKE

Zuerst veröffentlicht in *Nature* 127, 706 (9. Mai 1931).

Sir Arthur Eddington* legte dar, dass ihm der Begriff eines Anfangs der gegenwärtigen Naturordnung – philosophisch – zuwider sei. Ich bin vielmehr geneigt zu denken, dass der aktuelle Stand der Quantentheorie einen ganz anderen Anfang als den der gegenwärtigen Naturordnung nahelegt. Thermodynamische Prinzipien können im Rahmen der Quantentheorie wie folgt angegeben werden: (1) Energie eines konstanten Gesamtbetrages verteilt sich auf diskrete Energiequanten. (2) Die Anzahl verschiedener Energiequanten nimmt stets zu. Falls wir im Verlauf der Zeit zurückgehen, müssten wir immer und immer weniger Energiequanten finden, bis wir alle Energie des Universums in ein paar wenigen oder gar einem einzigen Energiequantum vorfinden.

Nun sind aber bei atomaren Prozessen die Begriffe Raum und Zeit nichts weiter als statistische Begriffe; sie verblassen bei ihrer Anwendung auf einzelne Phänomene, die lediglich eine kleine Anzahl an Energiequanten involvieren. Falls die Welt mit einem einzigen Energiequantum ihren Anfang nahm, würden die Begriffe von Raum und Zeit am Beginn gänzlich ihre Bedeutung verlieren; sie würden erst beginnen, eine sinnvolle Bedeutung zu haben, wenn das ursprüngliche Energiequantum sich in eine ausreichende

Zahl von Energiequanten aufgeteilt hätte. Falls dieser Vorschlag korrekt ist, nahm die Welt ihren Anfang ein wenig vor dem Anfang von Raum und Zeit. Ich denke, dass solch ein Anfang der Welt weit genug von der vorherrschenden Naturordnung entfernt ist, um nicht gänzlich widersinnig zu sein.

Es mag schwierig sein, diese Idee im Detail auszuführen, da wir noch nicht in der Lage sind, die Quantenpakete in jedem Fall abzuzählen. Zum Beispiel könnte es sein, dass der Atomkern als ein einziges Quantum gezählt werden muss, bei dem sich die Ordnungszahl wie eine Art Quantenzahl verhält. Falls sich die Quantentheorie zukünftig in diese Richtung entwickeln sollte, könnten wir den Anfang des Universums in Form eines einzigen Atoms begreifen, dessen Atommasse der Masse des Universums entspräche. Dieses höchst instabile Atom würde sich in einer Art superradioaktivem Prozess in immer kleinere Atome teilen. Einige Überbleibsel dieses Prozesses würden dann – gemäß der Idee von Sir James Jean – die Erhitzung der Sterne fördern, bis unsere Atome niedriger Ordnungszahlen das Leben ermöglichen.

Offensichtlich konnte das Ursprungsquantum nicht den vollständigen Verlauf der Entwicklung des Universums in sich bergen; aber gemäß der Unbestimmtheitsrelation ist das gar nicht notwendig. Unsere Welt würde so als eine Welt verstanden werden, in der etwas wirklich passiert; die gesamte Geschichte der Welt müsste nicht im ersten Quantum wie ein Lied auf einer Schallplatte eingeschrieben sein. Die gesamte Materie der Welt müsste am Anfang der Welt vorhanden gewesen sein, die Geschichte hingegen, die sie zu erzählen hat, könnte Schritt für Schritt geschrieben werden.

---

*NATURE, 21. März, S. 447

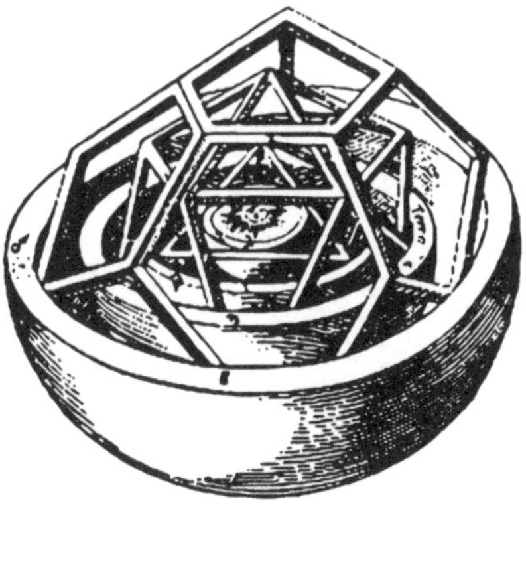

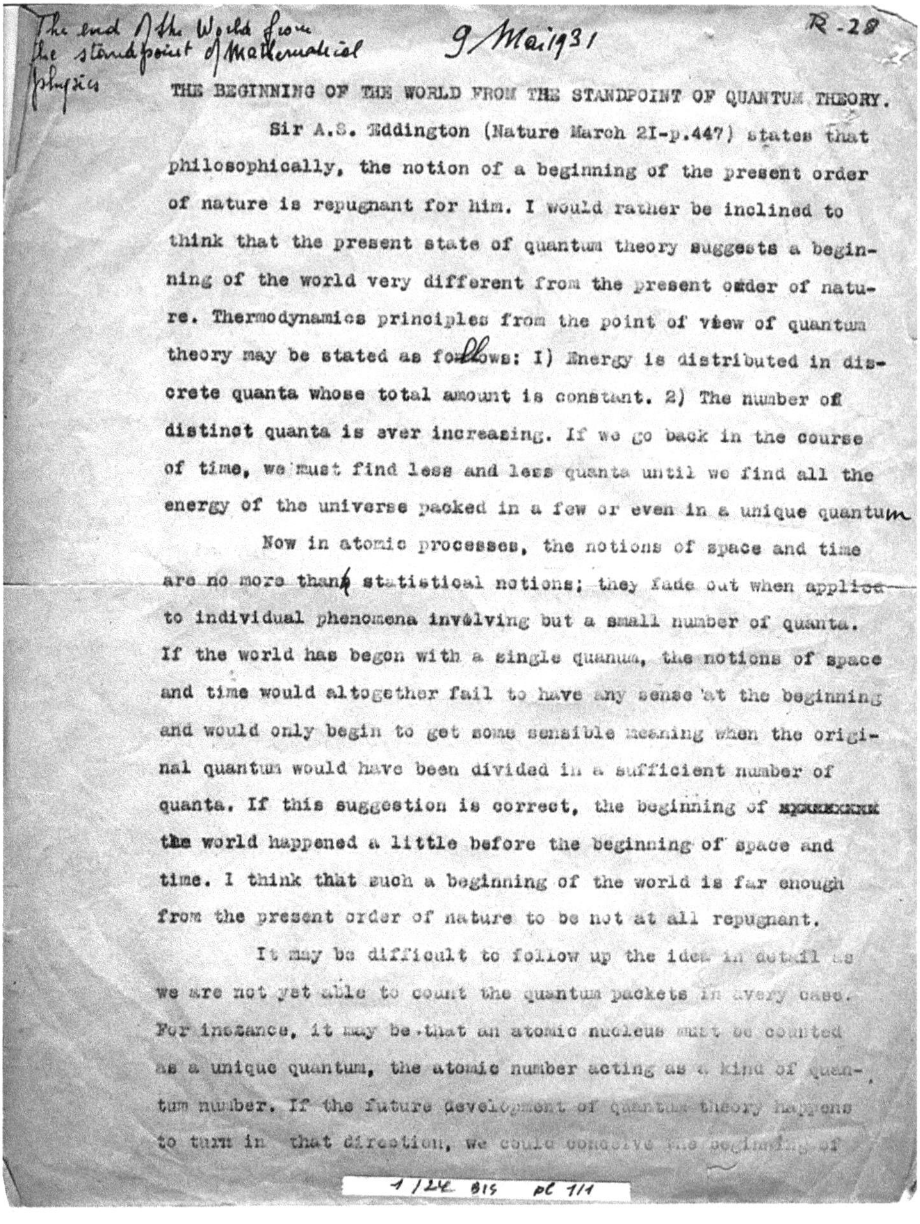

The end of the World from the standpoint of Mathematical physics

9 Mai 1931

R-28

THE BEGINNING OF THE WORLD FROM THE STANDPOINT OF QUANTUM THEORY.

Sir A.S. Eddington (Nature March 21-p.447) states that philosophically, the notion of a beginning of the present order of nature is repugnant for him. I would rather be inclined to think that the present state of quantum theory suggests a beginning of the world very different from the present order of nature. Thermodynamics principles from the point of view of quantum theory may be stated as follows: 1) Energy is distributed in discrete quanta whose total amount is constant. 2) The number of distinct quanta is ever increasing. If we go back in the course of time, we must find less and less quanta until we find all the energy of the universe packed in a few or even in a unique quantum.

Now in atomic processes, the notions of space and time are no more than statistical notions; they fade out when applied to individual phenomena involving but a small number of quanta. If the world has begun with a single quantum, the notions of space and time would altogether fail to have any sense at the beginning and would only begin to get some sensible meaning when the original quantum would have been divided in a sufficient number of quanta. If this suggestion is correct, the beginning of the world happened a little before the beginning of space and time. I think that such a beginning of the world is far enough from the present order of nature to be not at all repugnant.

It may be difficult to follow up the idea in detail as we are not yet able to count the quantum packets in every case. For instance, it may be that an atomic nucleus must be counted as a unique quantum, the atomic number acting as a kind of quantum number. If the future development of quantum theory happens to turn in that direction, we could conceive the beginning of

1/24 BIS pl 1/1

TYPOSKRIPT ZUR NATURE-VERÖFFENTLICHUNG GEORGES LEMAÎTRES.

the universe in the form of a unique atom whose atomic weight is the total mass of the universe. This highly unstable atom xx would divide in smaller and smaller atoms by a kind of super-radioctive process. Some rest of this process would, according to Sir Jeans idea, foster the heat of the stars until our low atomic number atoms may allow live to be possible.

Clearly the initial quantum could not conceile in itself the whole course of evolution; but, according to the indetermination principle, that is not necessary. Our world is now a world where something happens; the whole story of the world does not need to be written down in the first quantum as a song on the x disc of a phonograp. The whole matter of the world must be present at the beginning, but the story it has to tell may be written step by step.

I think that every one who believes in a supreme being supporting avery being and every acting, believes also that God is essentially hidden and may be glad to see how present physics provides a veil hiding the creation.

RESTE

Wir alle sind uns ähnlicher, als wir wähnen. Nach meinem Tod tat ich genau das, was alle frisch Verstorbenen tun: Sobald ich meine Kammer bezogen hatte, eine winzige, fensterlose Zelle, in der als einziges Möbelstück ein Stuhl stand, suchte ich mit der letzten Kraft, die mir aus dem Leben verblieben war, verstorbene Verwandte und Freunde auf. Die meisten interessierte es herzlich wenig, dass ich gestorben war, ist doch das hier vorherrschende Gefühl eine lähmende Trägheit. Meine Eltern hatten sich offenbar getrennt, denn ihre Kammern lagen in unterschiedlichen Vierteln. Ich verbrachte einige Stunden bei meinem Vater. Er saß breitbeinig auf seinem Stuhl und seufzte alle paar Minuten tonlos. »Hat diese Stadt überhaupt ein Ende?«, fragte ich. »Oder ist es vielleicht gar keine Stadt, sondern ein unvorstellbar großes Gebäude voller Korridore und Kammern?« – »Mein Lieber«, sagte Vater und fuhr nach einer langen Pause gequält fort, »lass es um Gottes Willen langsam angehen.« Mutter empfing mich mit einem matten Lächeln. »Wollen wir nicht hineingehen?«, fragte ich. Sie sah mich fassungslos an. »Wollen wir nicht in deine Kammer gehen?«, setzte ich nach, doch sie schüttelte bloß den Kopf, als wäre das, was ich vorgeschlagen hatte, eine unbeschreibliche Zumutung. Wir Toten essen nicht, wir trinken nicht, wir schlafen nicht. Die Folgen sind verheerend für unser Dasein: Da man nicht gezwungen ist, sich um sein leibliches Wohlergehen zu kümmern, sondern nur in seiner

Kammer auf dem Stuhl sitzt oder an der Wand lehnt, gibt es für uns nichts mehr zu tun. Kurz nach meinem Tod hatte ich gehofft, weiter als Schriftsteller arbeiten zu können, aber hier, erkannte ich bald, würde mich niemand verlegen, niemand würde mich lesen, und überhaupt: Was sollte ich denn erzählen? Zwei befreundete Autoren, die ich einlud, blieben aus reiner Bequemlichkeit und mir erschien es zu mühselig, eine neue freie Kammer zu suchen. Nun wohnen wir also zu dritt hier und wechseln uns immer, wenn wir uns an unsere Abmachung erinnern, mit dem Stuhl ab. Es gibt keine Nächte hier, keine Tage, letztendlich keine Zeit. Im Unterschied zu den holzgetäfelten Wänden besteht die Decke der Kammern aus einem glasähnlichen, milchigen Material und taucht alles in ein fahles, ungesund wirkendes gelbliches Licht. »Habt ihr jemals«, beginne ich, begreife auf einmal, dass es nicht notwendig ist, diese Frage zu stellen, weiß auch, dass es ohnehin zu anstrengend ist, etwas zu fragen oder miteinander zu reden, nur an die Wand gelehnt möchte ich stehen, ruhig stehen bleiben, mit offenen Augen im Jenseits.

Die Erzählung stammt aus dem Band *Andere Häfen*, der 2017 im Mitteldeutschen Verlag erscheint.

MANFRED CHOBOT

URKNALL VORWÄRTS UND ZURÜCK

unentwegt dehnt sich
das weltall aus
im bauch der embryo
mit lichtgeschwindigkeit
immer weiter
verschwimmt in seinem versteck
nirgendwo grenzen gelegen
im unendlichen
heißt marlies viktoria oder veronika
stößt sich die vorstellung
an einem imaginären ende
vergiftet vom eigenen fruchtwasser
sind zeit und raum nicht nachvollziehbar
bis der urknall irgendwann
raus mag und will in die winzige welt
und das weltall neuerlich die richtung
umkehrt und wieder
lichtgeschwindig zusammenschrumpft
sind geboren bereits zwei schwestern
gönnt es der schöpfung keine sekunde
die jüngste aller im augenblick
steht fest als einzige ewigkeit
ausdehnen und schrumpfen
wiederum hat gott sich erübrigt

TIMAIOS

GRUND DER SCHÖPFUNG UND VORBILD DER WELT. IHRE EINZIGKEIT

Geben wir denn an, welcher Grund den Ordner alles Entstehens und dieses Weltganzen, es zu ordnen, bestimmte. Er war gut; im Guten aber erwächst niemals und in keiner Beziehung Missgunst. Dieser fern wollte er, dass alles ihm selbst möglichst ähnlich werde. Mit dem größten Rechte möchte jemand wohl der Rede weiser Männer, die das für den hauptsächlichsten Ursprung des Entstehens und der Welt erklären, Glauben beimessen. Indem nämlich Gott wollte, dass alles gut und, soviel wie möglich, nichts schlecht sei, brachte er, da er alles Sichtbare nicht in Ruhe, sondern in ungehöriger und ordnungsloser Bewegung vorfand, dasselbe aus der Unordnung zur Ordnung, da ihm diese durchaus besser schien als jene. Aber dem Besten war es weder, noch ist es ihm gestattet, etwas anderes als das Schönste zu tun; indem er also von dem seiner Natur nach Sichtbaren den Schluss machte, fand er, dass nichts des Denkvermögens Entbehrendes als Ganzes je schöner sein werde als das mit Vernunft Begabte als Ganzes, dass aber unmöglich ohne Seele etwas der Vernunft teilhaftig werden könne. Von diesem Schlusse bewogen, verlieh er der Seele Vernunft und dem Körper die Seele und gestaltete daraus das Weltall, um so das seiner Natur nach schönste und beste Werk zu vollenden. So also sei, müssen wir der Wahrscheinlichkeit nach annehmen, durch Gottes Fürsorge diese Welt als ein beseeltes und in Wahrheit mit Vernunft begabtes Lebendes entstanden. Dies angenommen, müssen wir nun ferner angeben, welchem Lebenden ähnlich der Ordner es ordnete. Keinem seiner Natur nach unter dem Begriffe des Teiles Befassten wollen wir diesen Vorzug zuerkennen; denn nimmer möchte wohl etwas einem Unvollkommenen Ähnliches zu einem Schönen werden; wir wollen vielmehr annehmen, dass es vor allem dem am ähnlichsten sei, dessen Teil alles Lebende einzeln und seinen Gattungen nach ist; denn jenes umfasst und schließt alles denkbare Lebende in sich, wie dieses Weltall uns und alle außer uns sichtbaren Geschöpfe. Indem er es also dem schönsten unter allem Gedachten und in jeder Beziehung Vollkommenen möglichst ähnlich zu machen beabsichtigte, ordnete er es an als ein sichtbares Lebendes, welches alles von Natur ihm verwandte Lebende in sich fasst. Haben wir also mit Recht von einem Himmel gesprochen, oder war es richtiger, von vielen und unendlichen zu reden? Von einem, soll er nach seinem Vorbilde auferbaut sein; denn was da alle denkbaren Lebewesen umfasst, dürfte wohl nimmer als Zweites neben einem andern sein. Ein anderes Lebendes müsste ja dann wieder jene beiden einschließen, wovon sie ein Teil wären, und man würde nicht sagen, dass die Welt nach jener beiden, sondern richtiger, dass sie nach dieses, des Umschließenden, Ähnlichkeit gestaltet sei. Damit diese nun als ein Alleiniges dem durchaus vollkommenen Lebenden ähnlich sei, darum gestaltete ihr Urheber weder zwei noch unendliche Welten, sondern Himmel ward als ein alleiniger und eingeborener und wird es ferner sein.

DIE ZUSAMMENFÜGUNG DER WELTSEELE

Die Seele aber ward nicht, wie wir jetzt später von ihr zu sprechen versuchen, so auch als das jüngere Erzeugnis von dem Gotte ersonnen; denn nimmer hätte er wohl gestattet, dass das Ältere von dem Jüngeren, mit dem er es verband, beherrscht würde, sondern wir drücken uns wohl nur so aus, wie wir gar häufig vom Zufall und dem Geratewohl abhängen; er aber gestaltete die ihrer Entstehung und ihrer Vorzüglichkeit nach frühere und ältere Seele als Gebieterin und Beherrscherin des ihr unterworfenen Körpers aus solchen Bestandteilen und auf solche Weise.

DIE PLANETEN ALS ERZEUGER DER ZEIT. IHRE BAHNEN

Die Zeit entstand also mit dem Himmel, damit, sollte je eine Auflösung stattfinden, sie als zugleich erzeugt zugleich aufgelöst würden, und nach dem Vorbilde des durchaus unvergänglichen Wesens, damit sie ihm so ähnlich wie möglich sei; denn das Vorbild ist die ganze Ewigkeit hindurch seiend, die Zeit hingegen fortwährend zu aller Zeit geworden, seiend und sein werdend. Der Weisheit und solcher Absicht Gottes bei Erzeugung der Zeit zufolge entstanden nun, damit die Zeit entstehe, Sonne und Mond und fünf andere Sterne, die den Namen Planeten führen, zur Begrenzung und Feststellung der die Zeit bezeichnenden Zahlen; nachdem aber der Gott für jeden von ihnen Körper gestaltet hatte, wies er den sieben die sieben Bahnen an, in welchen sich der Kreislauf des Verschiedenen bewegt, dem Monde die nächste um die Erde, der Sonne die zweite über der Erde, dem Morgensterne aber und dem seinem Namen nach dem Hermes geweihten an Schnelligkeit dem der Sonne gleiche Kreise, doch eine dieser entgegengesetzte Kraft besitzende, so dass die Sonne und der Planet des Hermes und der Morgenstern einander überholen und voneinander überholt werden. Wollte aber jemand die Bahnen, in welche er die anderen und aus welchen Ursachen er sie setzte, alle durchgehen, so würde diese nicht zur Sache gehörige Darstellung der dazu erforderlichen Mühe nicht angemessen sein. Vielleicht aber dürfte sich später die Muße finden, diesen Gegenstand auf eine seiner würdige Weise zu behandeln. Nachdem nun jeder Himmelskörper, dessen es zur Hervorbringung der Zeit bedurfte, in die ihm zukommende Bahn gelangt war und diese Körper, durch seelische Bande zusammengehalten, zu lebenden Wesen wurden und das ihnen Gebotene vernommen hatten, beschrieb der eine auf der schiefen Bahn des Verschiedenen, welche die desselben, von dieser abhängig, durchschnitt, einen größeren, der andere einen kleineren Kreis, der den kleineren beschreibende in schnellerem, der den größeren in langsamerem Umschwung. Aber vermöge der Bewegung desselben hatte es den Anschein, dass die am schnellsten sich bewegenden von den langsameren, die sie überholten, überholt würden. Denn indem sie sie alle ihre Kreise in Schneckenwindungen beschreiben ließ, bewirkte sie, da diese zugleich in zwei getrennten und entgegengesetzten Richtungen sich bewegten, dass der am langsamsten von ihr, der schnellsten, sich entfernende als der ihr nächste erschien. Damit es aber ein augenfälliges Maß der gegenseitigen Schnelligkeit und Langsamkeit gebe, mit der sie in den acht Bahnen sich bewegten, entzündete der Gott in dem von der Erde aus zweiten der Kreisumläufe ein Licht, welches wir eben Sonne nannten, damit es möglichst dem gesamten

Himmel leuchte und damit die lebenden Wesen, deren Natur das angemessen erschien, die Zahl besäßen, über welche sie der Umschwung desselben und Gleichförmigen belehrte. So und deshalb ist nun Tag und Nacht entstanden, der Umschwung der einen und besonnensten Kreisbahn; der Monat aber, wenn der seinen Kreislauf beschreibende Mond die Sonne wieder einholt, und das Jahr, wenn die Sonne ihren Kreislauf vollendete. Die Umläufe der übrigen Planeten haben die Menschen, mit Ausnahme weniger unter vielen, nicht begriffen und geben weder ihnen Namen, noch messen sie, angestellten Beobachtungen zufolge, ihre Bahnen nach Zahlen gegeneinander ab, so dass sie schier nicht wissen, dass die schwer zu bestimmende Mannigfaltigkeit und der wundervolle Wechsel ihres Umherschweifens Zeit ist. Dem ungeachtet lässt es nichtsdestoweniger sich begreifen, dass die vollkommene Zeitenzahl das vollkommene Jahr dann abschließt, wenn die gegeneinander abgelaufene Schnelligkeit der sämtlichen acht Umläufe, abgemessen nach dem Kreise desselben und des gleichförmigen Fortschreitens, ihre Ausgangspunkte erreicht. Demnach und aus diesen Gründen wurden diejenigen Sterne erzeugt, welche auf ihrer Bahn durch den Himmel ihre Wendepunkte haben, damit dieses Weltganze dem vollkommenen und denkbaren Lebenden, dessen unvergängliches Wesen nachbildend, so ähnlich wie möglich werde.

Deutsch von Hieronymus Müller.

DAS UNSICHTBARE UNIVERSUM

FÜR AURA UND KLAUS

eine villa am comer see · die bälle der magnolien
aufblätternd um ihre leere · morgens auf dem balkon die halbe zigarette
nachts ein glas für die sterne · untertags sitzungen
für natur- und geisteswissenschaftler und an die wand projizierte folien
mit sich zu leben – die frage ob dies als doublette
unsres alleinseins im kosmos zu begreifen wäre eine der zuspitzungen
die zum freien willen führt · sehnsucht
eine lehnübersetzung davon · an manchen tagen ist sie nicht zu halten
sind selbst die lichter längs der felsbucht
zu weit drüben · unsichtbar der mond in seinen gestalten
der gott der stille · das metrum der zeit

die ferne zu sehen – erklären die physiker im saal – heisst
vorauszuschauen in die vergangenheit
ohne jemals ihren horizont zu erkennen weil sie sich immer fort weitet
und bereits zurückgelegte strecken nachträglich länger werden
das beobachtbare universum beweist
uns – ohne sich zwingend mit dem anderer erden
zu überschneiden: worin unsere begrenztheit sich bewahrheitet
das ich von seiner eigenen geschichte eingeholt ohne sie zu verstehen
beständig im versuch sich zu entgehen

ich habe meine jugend nie verraten · dennoch weiss ich nicht
wie sein in diesen räumen erfüllt von gegenlicht
ohne dass eine frau darin steht ihr rücken gerandet von schatten
und das gesicht mit jedem jahr anders · sand auf dem laken · die rabatten
unten geharkt · stimmen irrend zwischen flammenbaum und lilie
in meiner hand eine tasse voll schnee

griante I IV 14

ÜBER DIE NATUR DER DINGE

Es gibt nur Körper und Leere, kein Drittes

Nun aber, um was ich begonnen, mit Worten weiterzuweben: Das Universum, wie es durch sich selbst als Ganzes besteht, ist aus zweierlei zusammengesetzt: aus Körpern und Leere. In dieser halten sich die Körper auf, bewegen sich rasch mal hierhin, mal dorthin. Dass Körper bestehen, lehren uns die allen Menschen gegebenen Sinne. Und diesen müssen wir als dem ersten, unerschütterbaren Grund trauen, denn sonst bleibt uns nichts, worauf unser Nachdenken über jene, dem Blick verborgenen Sachverhalte sich stützen, nichts, worauf unser Urteil sich berufen könnte. Zudem: Gäbe es keinen Ort und keinen Raum – nicht das Leere, wie wir dies nennen –, könnten Körper nirgendwo sein und lokalisiert werden, und völlig unmöglich wäre ihre Bewegung, in welche Richtung auch immer. Das habe ich dir zuvor erläutert.

Neben diesen beiden aber gibt es nichts, was du als völlig verschieden von Körpern und Leere betrachten kannst. Könntest du dergleichen entdecken, dann wäre dies auf dritte Art wirklich. Alles aber, was wirklich sein soll, muss aus sich selbst bestehen können. Dies Dritte könnte leicht sein oder klein, sobald es durch leichteste, leiseste Berührung irgend wahrnehmbar ist, wird es die Menge eines Körpers stets um etwas vermehren, wie groß oder klein dieser Beitrag auch sein mag: Wenn denn überhaupt ein Drittes existiert und der Summe des Ganzen etwas hinzufügen kann.

Wenn dies Dritte aber gar nicht zu spüren ist, wenn es kein anderes daran hindern kann, den eigenen Weg in beliebiger Richtung durch es, dies Dritte, hindurch widerstandslos fortzusetzen, dann, sei sicher, kann es nur jener körperlose Raum sein, den wir Leere nennen.

Zudem wird, was immer aus sich heraus existiert, entweder auf etwas anderes einwirken oder aber, umgekehrt, hinnehmen, dass etwas anderes auf es einwirkt. Zulassen wird es auch, dass etwas anderes in ihm ist oder geschieht. Nichts aber kann wirken oder etwas erleiden, sofern es nicht körperlich ist, und nichts kann Raum gewähren als allein das körperlos Leere. Darum ist unter allen Dingen außer Leere und Körpern kein drittes Element vorstellbar, keines mit eigener Existenz; nichts, was irgendwann durch unsere Sinne wahrgenommen werden, nichts auch, was irgendwer denkend erfassen könnte.

Vorweg

Nun auf und höre! Darlegen will ich dir, mittels welcher Bewegung die alles bildenden Urelemente die Dinge in ihrer Vielfalt erschaffen und wieder auflösen. Welche Kraft treibt sie, dies zu tun? Welche Schnelligkeit ist ihnen gegeben für ihren Flug durchs unermesslich Leere? Ich will es dir erklären, du aber schenke dem, was ich sage, Gehör. ...

Unaufhörlich bewegt, in immer neuen Verbindungen

Solltest du annehmen, die Urelemente könnten stillstehen und Körpern gleichwohl zu neuer Bewegung verhelfen, dann irrst du ab vom Pfad des wahren Denkens. Wenn sich die Urelemente durch leeren Raum bewegen, können sie allein durch ihre Schwere angetrieben sein oder durch zufälligen Stoß und Anprall eines anderen. Immer wieder treffen sie zusammen, prallen aufeinander, werden augenblicklich hierhin und dorthin gelenkt – kein Wunder ist das, denn ihre Masse ist unzerstörbar, und nichts verlegt ihnen [nach dem Abprall] von hinten den Weg. Damit dir dies unablässige Hin und Her der Materiepartikel noch klarer wird, erinnere dich daran: Es kann das All keinen tiefsten Punkt haben, darum gibt es auch keinen Ort, an dem Urelemente ruhen könnten. Unendlich ist der Raum und unermesslich, grenzenlos erstreckt er sich allseits in alle Richtungen; ich habe dir dies mit guten Gründen ausführlich gezeigt.

Steht dies aber fest, dann ist ebenso gewiss: Anhalten können die Urelemente nicht, an keiner Stelle des unfassbar Leeren. Nein, gejagt werden sie durch unaufhörliche und vielfältige Bewegung. ...

Jede Welt hat einen Anfang und wird vergehen

Doch Schluss nun mit Ankündigungen, lass uns beginnen. Und als Erstes stelle dir vor: Meere und Länder und Himmel. Dreifach ist ihre Natur, dreifach, mein Memmius, sind ihre Körper, dreifach unterschieden ist ihre Erscheinung, dreifach also auch ihr Aufbau und Gefüge – und doch wird die Welt, die seit langer Zeit besteht, in Trümmer gehen, ein einziger Tag wird genügen, und es stürzen ihre Masse und Bau, ihr ineinandergreifendes Werk in sich zusammen. Dabei entgeht mir nicht, wie neu und befremdlich unserem Geist erscheint, dass Himmel und Erde vergehen sollen, und wie schwer es mir wird, dies allein mit Worten zu beweisen. Indes, in solche Schwierigkeit gerätst du stets, wenn du Gehör finden willst für etwas bis dahin Ungehörtes. ...

Wie unsere Welt entstand

Nun will ich erklären, wie durch Zusammenströmen der Materie die Erde entstand, nach welcher Ordnung dazu der Himmel, das unergründliche Meer, Sonne und Mond in ihren Bahnen. Ganz sicher haben die Urelemente der Dinge nicht nach einem bewusst und vorausschauend gewählten Plan zur ihnen eigenen Ordnung zusammengefunden, auch nicht verabredet, welche Bewegung nun jedes beginne. Sondern seit unendlicher Zeit bis auf den heutigen Tag haben sich die zahllosen Urelemente, von eigener Schwere und Stoß getrieben, stets auf vielerlei Weise bewegt, sind aufeinandergetroffen und vielerlei Verbindungen eingegangen, haben dabei herausgebracht, was sie, plötzlich zusammentreffend, zu schaffen vermögen. So schließlich, über lange Zeit umhergetrieben, dabei jede Art von Verbindung und Bewegung erprobend, kam es, dass unversehens Urelemente auf solch andere stießen, mit denen zusammen sie zu ersten Geweben großer Dinge wurden. Das waren die Anfänge von Erde und Meer und Himmel und auch der Familien lebender Wesen.

Als es bis dahin gekommen, war, hochfliegend mit mächtigem Leuchten, der Sonne Rad noch nicht zu sehen, auch der großen Welt Sterne nicht, kein Meer und kein Himmel, nicht Erde und Luft und auch nicht alle unsere anderen

Dinge: Nichts war, nur ein gerade entstandener Wirbel, eine Masse aus Urelementen jedweder Art, aneinanderprallend, sich abstoßend in stetem Durcheinander und Kampf zwischen Abständen, Bahnen, Verbindungen, von Schwere, Abprall, Weisen der Bewegung, denn wegen der Vielfalt all dieser Elemente, der Verschiedenheit ihrer Gestalten und Formen hatten deren Verbindungen noch keinen Bestand so wie die Dinge heute; auch konnten sie einander weder passenden Anstoß geben noch sich mit anderen im Einklang bewegen.

Dann begannen aus dieser Masse gewisse Teile hierhin und dorthin zu fliegen, Gleiche sich mit Gleichen zu verbinden und so unsere Welt zu entfalten, Elemente zu sondern, auch größere Teile zu arrangieren. Will sagen: Es schied der hohe Himmel sich von der Erde, es trennte das Meer sich ab und breitete sein Wasser aus, so gesondert auch des hohen Himmels Feuer, unvermischt und für sich fanden seine Partikel Bestand.

Ja, und zuerst fanden aufgrund ihrer Schwere und enger Verflechtung alle Partikel der Erde in der Mitte am tiefstgelegenen Punkt zueinander. ...

Und dem folgten die Anfänge von Sonne und Mond, deren Kugeln mitten im Luftraum zwischen Erde und Äther ihre Kreisbahn ziehen: Weder die Erde noch der weite Äther konnten sie für sich gewinnen, denn sie sind weder schwer genug herabzusinken noch so leicht, dass sie emporschweben könnten in luftigste Regionen. Und so kreisen sie nun in der Mitte: als lebendige Körper und Teile des Ganzen unserer Welt. Nicht anders als in unserem Leib, indem sich einige Glieder bewegen, andere zugleich an ihrem Ort zu verharren. ...

So wurde die schwere Erde fest, bekam einen dichten Körper, aller Schlamm der Schöpfung, um es so zu sagen, floss durch seine Schwere zusammen und setzte sich ab wie Hefe. Alsbald blieben das Meer, sodann die Luft, zuletzt der feurige Äther, allesamt aus flüssigen Partikeln gemacht, unvermischt zurück, eines leichter als das andere, und der Äther, der leichteste und flüssigste, flutet über der wehenden Luft, ohne seine fließende Substanz mit dem stürmischen Wehen der Luft zu mischen. Unter sich die Dinge überlässt er sich selbst, gewaltige Wirbel werfen alles durcheinander, regellose Sturmwinde toben, währenddessen er, die eigenen Feuer bewahrend, in immer gleichem Gang dahingleitet. Das Bild für das in immer gleicher Ruhe maßvoll stetige Fließen des Äthers liefert uns Pontus, in immer gleichem Fluten fließt dieses Meer dahin und bewahrt seinen Lauf.

Warum sich Himmelskörper bewegen

... Ich zeige also, was im Weltall möglich ist und in seinen vielen, nach vielfältigen Mustern entstandenen Welten; gebe mehrere Gründe für die Bewegung der Sterne an, wie sie im Universum gelten könnten. Einer davon muss in unserer Welt den Himmelzeichen die Kraft der Bewegung verleihen. Doch ist es nicht Aufgabe dessen, der Schritt um Schritt vorangeht, einen dieser Gründe festzuschreiben.

Deutsch von Klaus Binder.

BRITISH ASSOCIATION 1874

NOTES OF THE PRESIDENT'S ADDRESS

In the very beginnings of science, the parsons, who managed things then,
Being handy with hammer and chisel, made gods in the likeness of men;
Till Commerce arose, and at length some men of exceptional power
Supplanted both demons and gods by the atoms, which last to this hour.
Yet they did not abolish the gods, but they sent them well out of the way,
With the rarest of nectar to drink, and blue fields of nothing to sway.
From nothing comes nothing, they told us, nought happens by chance, but by fate;
There is nothing but atoms and void, all else is mere whims out of date!
Then why should a man curry favour with beings who cannot exist,
To compass some petty promotion in nebulous kingdoms of mist?
But not by the rays of the sun, nor the glittering shafts of the day,
Must the fear of the gods be dispelled, but by words and their wonderful play.
So treading a path all untrod, the poet-philosopher sings
Of the seeds of the mighty world – the first-beginnings of things;
How freely he scatters his atoms before the beginning of years;
How he clothes them with force as a garment, those small incompressible spheres!

Nor yet does he leave them hard-hearted – he dowers them with love and with hate,
Like spherical small British Asses in infinitesimal state;
Till just as that living Plato, whom foreigners nickname Plateau,*
Drops oil in his whisky-and-water (for foreigners sweeten it so),
Each drop keeps apart from the other, enclosed in a flexible skin,
Till touched by the gentle emotion evolved by the prick of a pin:
Thus in atoms a simple collision excites a sensational thrill,
Evolved through all sorts of emotion, as sense, understanding and will;
(For by laying their heads all together, the atoms, as councillors do,
May combine to express an opinion to every one of them new).
There is nobody here, I should say, has felt true indignation at all,
Till an indignation meeting is held in the Ulster Hall;
Then gathers the wave of emotion, then noble feelings arise,
Till you all pass a resolution which takes every man by surprise.
Thus the pure elementary atom, the unit of mass and of thought,
By force of mere juxtaposition to life and sensation is brought;
So, down through untold generations, transmission of structureless germs
Enables our race to inherit the thoughts of beasts, fishes and worms.
We honour our fathers and mothers, grandfathers and grandmothers too;

But how shall we honour the vista of ancestors now in our view?
First, then, let us honour the atom, so lively, so wise and so small;
The atomists next let us praise, Epicurus, Lucretius and all;
Let us damn with faint praise Bishop Butler, in whom many atoms combined
To form that remarkable structure, it pleased him to call – his mind.
Last, praise we the noble body to which, for the time, we belong,
Ere yet the swift whirl of the atoms has hurried us, ruthless, along,
The British Association – like Leviathan worshipped by Hobbes,
The incarnation of wisdom, built up of our witless nobs,
Which will carry on endless discussions, when I, and probably you,
Have melted in infinite azure – in English, till all is blue.

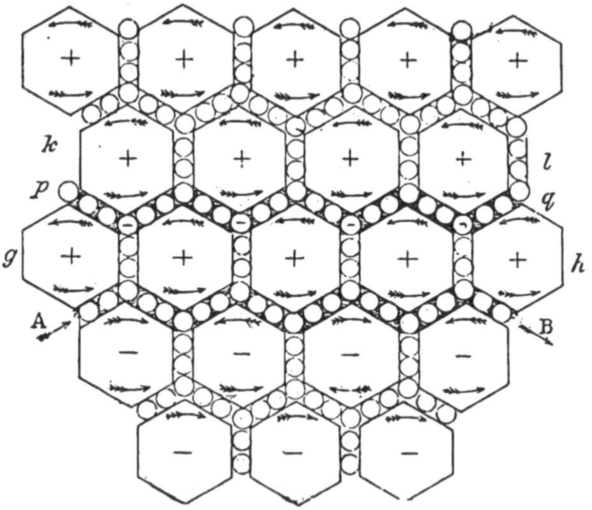

* *Statique Expérimentale et Théorique des Liquides soumis aux seules Forces Moléculaires.* Par J. Plateau, Professeur à l'Université de Gaud.

HIMMEL AUS PAPIER

FLORIAN L. ARNOLD

Die Tatsache, dass wir im Inneren einer Kugel leben, lässt die Frage aufkommen, was denn außerhalb der Kugel sei, in der wir uns befinden. Nachdem man begonnen hatte, die Fehlinformationen aus den Büchern zu entfernen, die den Menschen weisgemacht hatte, man lebe auf einer Kugel aus massivem Stein und glühender Magma, setzte die wissenschaftliche Erforschung des Erdinneren ein, die zweifelsfrei belegen konnte, dass sich die Erde ins Unendliche erstreckt. Als man zum Beweis ein gerades Loch nach außen, vom Weltmittelpunkt fortweisend, bohrte, musste man feststellen, dass dieser Tunnel sich immer weiter ausdehnte, bis er sich im Unendlichen auf die andere Seite der Welt umstülpte und wieder dem Weltmittelpunkt näherte, wo er schließlich die Erdoberfläche durchbrach. Das ergab nicht nur völlig neue Perspektiven für den Personenverkehr, denn nun, da die Physik korrigiert war, konnte man einen Zug durch einen solchen Tunnel schicken, der dann in kurzer Zeit – nahezu vollständig – an der gegenüberliegenden Seite der Erde anlangte. Womit zumindest gewisse Teile der bisherigen Welttheorie bestätigt wurden.

Man hatte durch Versuche der Weltzerstörung allerdings auch Erkenntnisse gewonnen, von denen man niemals zu träumen gewagt hätte: Nun wusste man, dass im Inneren eines jeden Atoms, praktisch in jedem beliebigen kugelförmigen Objekt, in jedem Stein und sogar in jedem Lebewesen ein unendlich großes Universum existiert.

Das reißende Geräusch hatten wir – zunächst – nicht wahrgenommen. Gott rollte grässlich mit den Augen; ihn selbst schien das alles über die Maßen, wie man so sagt, zu erstaunen. Die Luft wurde dünn, das Licht fahl, ein Zischen, das erst als Ahnung begonnen hatte, wurde bald lauter, ein Hagel von Schrauben und Zahnrädern traf mich empfindlich am Rücken, doch als ich aufstehen und Schutz suchen wollte, spürte ich eine Hand mich auf den Boden zurückdrücken und eine Stimme – vielleicht die Stimme Gottes? – mich scharf warnend: Bleib liegen – es beginnt erst!

Ein Wind hob an, scharf pfiff er über meine Haut, die Luft ist voller schreiender Geschöpfe, ein-, zwei-, drei-, vierbeinig, eine Harpyie mit ihren kräftigen Schwingen treibt sie vor sich her auf ein dunkles Loch zu, das sich rasch erweitert. Ich höre Menschen schreien, ich selbst schreie. Wir bekommen keine Antwort. Vor mir sah ich die unscharf werdende Silhouette des Schlosses, ich sah den ersten Turm brechen, er zerbröselte förmlich, erbrach seinen Inhalt ins allgemeine Tosen, wenige Sekunden später zerbrach auch der zweite Turm, Mutters Turm, dachte ich schaudernd, alle ihre Partituren, ihre Ideen, ihr Klavier, das Spinett, alles wirbelte aufwärts, seitwärts, endete im großen Strom der Dinge, der im wachsenden schwarzen Loch verschwindet, und dort drüben, so erlausche ich, dort, wo das schwarze Loch beginnt, dort ist es still, es ist windstill und man hört nichts. Ein schwarzes Loch, höre ich jemanden denken, gibt es natürlich, aber es ist kein gestorbener Stein, keine brutale Materienschleuder, kein Seitenarm des Universums, der in andere Universen führt, sondern lediglich ein Riss in der Außenhülle unserer Welt, die – ja wirklich! – von Gott aus Leim und Papier gebaut und jetzt irgendwie ernstlich beschädigt wurde. Es kann nicht sein, dachte ich zurück, wir sind von Erde und Stein und Sauerstoff umgeben, über uns sind Sphären, tausende Sphären, Stratosphären, darüber und darunter und ringsum ist Vakuum, gefüllt mit Sternen und Planeten und schwarzem Nichts.

Nein, nein, höre ich die andere Stimme, es ist nur Papier und Leim, viele Schichten davon, zugegeben, aber eben Papier, hörst du nicht das Rauschen, das ist vom Papier, und da drüben, siehst du es nicht? – das ist kein Schnee, und hinter dem Schnee ist nicht etwa Nebel, es ist feingerissenes Papier.

Ich begann zu weinen. Wir waren der wahrscheinlichen Vernichtung nicht entgangen, sondern ihr geradewegs in die Arme gerannt. Erdstückchen raspelten über meine Haut, neben mir rollte eine alte Frau in einem Rollstuhl ins schwarze Loch, ich sah einen müden Kellner, der noch seine Schürze trug, vorübersegeln, er schien sich ins Schicksal ergeben zu haben, denn im Gegensatz zu allen anderen Kreaturen schrie er nicht. Warum blieb ich fest auf dem Boden? Warum zog der Riss nicht auch mich an? Ich weiß es nicht. Ich kann nicht alles aufzählen, das meine Haut berührte auf dem Weg in die Vernichtung, es waren nicht nur Schrauben und Erdbrocken und Papierfetzen, es waren auch Flügel, Vogelflügel und Engelsflügel, ich sah Augenpaare und leere Schuhe, ich sah ganze Wälder und Ortschaften, ich spürte die Räder eines Flugzeugs über meine Schulterblätter rollen, ein Elefant schien mich mit seinem Rüssel zu küssen, bevor auch er im Dunkel verschwand.

Der Himmel verdüsterte sich ein letztes Mal, bevor er, wiederhergestellt und in altem Glanz über unseren Häuptern strahlend, die Geschehnisse fast vergessen machte, die beinahe das Ende unserer Welt bedeutet hätten. Noch einmal aber musste Gott aufräumen: Erst fielen einzelne Buchstaben aus dem Himmel, dann ganze Sätze, ganze Kapitel, unsere ganze menschliche Geschichte türmte sich auf, alles löste sich auf, riss entzwei, der alte Himmel selbst zerriss in kleinste Stückchen, es war nicht möglich, dass man ihn flicken und reparieren ließ, dass man ihn wie zuvor mit Wasserfarbe ausbessern und mit Kleber zurechtbiegen konnte; ein neuer Himmel wurde gebaut, fester und stabiler, gewiss, aber doch auch ärmer an Geschichten, heller und sanfter, doch auch unerreichbar. Der ganze Himmel ist aus Papier, das weiß man da draußen nicht, da sieht man nicht bis zu uns, aber hier ist alles Papier, keine Luft, keine Erde, es ist alles nur aus kunstvoll zubereitetem Papier gemacht, fasst nur selbst einmal hin!, aber beeilt euch!, in wenigen Augenblicken wird alles fort sein, alles zerrissen, unsere ganze Papierwelt zerfetzt, den die große Hand in den Styx wirft. Sie hat gründliche Arbeit geleistet, seht euch nur dieses zerknüllte Märchen an, das war unsere Geschichte.

An manchen Tagen, wenn es kalt und klar ist, sieht man sogar noch das Loch, das für die Sonne ausgespart war, durch das sie zu uns hinabscheinen durfte. Eines Tages, so fürchten wir, wird in einer gotteslästerlichen Zeremonie der Styx geleert, wird alles fortgeworfen, neuerlich zerschnitten und ausgeweidet werden, und das Volk sieht gleichgültig zu.

Noch einmal suche ich mir die schönsten Buchstaben aus, umarme und küsse sie und werfe sie dann zurück, stumm, ohne Aufhebens. Das Märchen gehört mir nicht mehr. Zu Papiermehl zerhackt wird es einmal ein anderes Märchen tragen, ein neues Märchen, in dem vielleicht ein oder zwei unserer Helden vorkommen. Die anderen aber verschwinden und niemand wird wissen, wohin sie verschwunden sein mögen – und damit weißt du nun alles, was ich selber erfahren habe, und du kannst es wiederum aufschreiben oder vergessen.

Ein kleiner Irrtum im Getriebe der Zeit waren wir und es war wunderbar. Wir erstürmten den Himmel, im süffigen Stil Caravaggios gekleidet, horchten auf den Regen und folgten mit den Augen dem Flug eines Falters um eine Straßenlaterne, die allein bis zuletzt blieb.

In meinem Zimmer, auf dem Schreibtisch, liegt ein weißes Blatt. Es ist am Rand eingerissen.

Seht euch nur dieses glattgestrichene Papier an: Meteorologen und anderes Gewinsel sind Lügner, von wegen Luft, Stratosphäre und Vakuum! Hier ist alles aus kunstvoll zubereitetem Papier gemacht, fasst nur selbst einmal hin!, und was wären wir für nutzlose Knaben gewesen, hätten wir nicht gewagt, den Himmel einzureißen.

Auszug aus dem unveröffentlichten Romanmanuskript *Himmel aus Papier*.

WELLE-GEIST-DUALISMUS

nasse
schattenhüllen
zum trocknen
aufhängen
im toten
leuchten

leichenschaber
glätten
lichtjahresfalten
im zerrütteten
kalender

in pupillen
bilden
zerplatze sterne
schutzwolken
zu eisen
verkohltes gas

entfliehen den
echowellen
über die
gravitationsgrenze

mit vakuum
den abgrund
aufgießen

energien
rotieren zu
unbetretenen
gestirnen

ELI A. SOLARIS

EUPHORIA

in vergangene zeitalter
gefaltet
der   nebelschale

–magellan–

verdichten   der
kohlenstoffmatrixen
sonnenschwere
körnchen
dellen schwärze ein

–weisser zwerg–

○

quanteneuphorie
zerbirst zu
feuerwerken
im gasregen
geisterlicht
            entfließt

–supernova Ia–

der mysterien
letztes echo
   verschluckt
      ...
      .

–schwarzes loch–

●

GRAVITATIONSWELLEN

walzen worte
zu schweigen
ausdünnen der
superpositionen
im   kalender

rotationssbahnen
zerstauben an
eingehärteten
            pupillen

lautloser treibsand
hat zu ticken
begonnen
entdichten des
einst   verkeilten

fluchtpartikel
brechen aus
dem   bann

erringen neue
freiheitsgrade
    ungeahnte

WOLKENGARTEN

versteinerte
raumzeitbäume
knirschen
im echo

wolkengarten
wächst
auseinander
immer schneller

irrlichter
ausgehaucht
von gasleichen
stürzen auf
den grund
schwarzer
eiszapfen

es wintert
im vakuum

LYAPUNOV-EXPONENT

$$\begin{matrix} 1 & 0 & 0 \\ 0 & 1 & 0 \\ 0 & 0 & 1 \end{matrix}$$

wirbel
wachsen in der
parameterlandschaft
zerrieseln
vierhändig gebaute
raumzeit-topologien
und gemeinsame
bilderrahmen

ein lächeln
stürzt aus
der gravitation

im wortwechsel
klappt der
lyapunov-exponent
über die nullgrenze
höchste sensitivität
für neuanfangs-
konditionen

chaos ritzt
expansionsmuster
in die grosshirnrinde
das instabile
universum kollabiert

teilchenregen
spült das letzte
wort davon

spiegelverkehrt

BOSONENGEWITTER

klebriges echo
aufschaben
trümmerhaufen
vernichten
durchgeeiste
in rückkehrlosen
        wirbeln

bosonengewitter
entladen
fluchtenergie
in neue
  quantenfelder

licht   des
würfelspiels
zubiegen
anfließender
morgenröte

GEISTERLICHTER

schleichen durch
die galaxiennebel

beißfreudige
schwarze löcher
auf die spur
    angesetzt

    gravitation
macht hungrig

flößen mir
vergiftetes
schweigen ein
schattenblindheit
–glauben sie

doch meine
träume
sind nicht mehr
magnetisch

ALKE STACHLER

FOR THE SOUL IS A WANDERER WITH MANY HANDS AND FEET

(JOY HARJO)

woher weißt du, dass du nicht tot bist, dass nicht deine seele dir gegenübertritt, dass sie nicht fähig ist zur wut, dass sie ein zahmes wesen ist, zweiflerisch, vorsichtig wie etwas mit flügeln. nicht dieses schwarze, tiefschwarze etwas, unförmig, hässlich, schuppig, aber lautlos wie staub, nichts, was vorkommt in der natur. was, wenn sie es ist, die dann vor dir schwebt, schwebt wie abgebremst kurz vor jeglicher berührung. was, wenn sie nicht schön ist, wenn sie abstoßen will, nerven, dich sauber zerlegen wie eine japanische klinge, schluss machen mit dir und du merkst es erst viel später. wenn du ihre frage der zeit bist. sie dich dann endlich begraben will in sich, dein neuer himmel, dein neuer planet. was, wenn sie dich abbremst ganz kurz vor jeglicher berührung.

hat der wald keine furcht, weil er keine worte hat. aber er hat furcht. aber er hat worte. furcht vor berührung, der berührung deiner sprache, die ihn kreuzt wie eine dünne schneide atmende substanz. etwas atmet unter der erde, etwas denkt, fühlt in zirkeln, etwas isst deine sohlen von unten auf, wie du rennst, dieses ist ein ort der wunder. was du fühlst, macht erst viel später einen sinn. *for the soul is a wanderer with many hands and feet.* denn die seele ist eine bestie, die auf deinem rücken hockt, hässlich, frei von harmonie, frei von allem, nichts ist je so allein gewesen. dieses sind die gedanken des schon immer wartenden walds, trau nie dem tier, das niemals furcht hat. aber es hat nehmen wir an, es ist wahr: die seele ist das einzige am menschen, was nicht verhandelbar ist. alle bisherigen versuche, sie zu verstehen, widersprechen sich, ist sie qualität oder quantität, verhält sie sich zum auge wie das augenlicht zum körper, ist sie fähig zu wut, ausdehnung, reaktion. kann man sie sich ausreißen, ist sie schrecklicher als alles, was einen nie wollte. ist das leben ihr einziges geheimnis, das manöver aller manöver. könnte man die natur der seele verstehen, könnte das der schlüssel zu wahrem sterben, oder umgekehrt, oder. oder ist die seele das einzige wirkliche perpetuum mobile des universums, nur das reale kann man nicht sehen. denn nur echtes ist so schwarz, dass es mit allem verschmilzt, eine bewegung ohne adressaten.

geh zurück an den punkt, an dem du noch denkbar warst, frei wie etwas, das niemand vermisst. geh zurück in diese verwunschene wildnis. dieser landstrich hat nie etwas sanftes hervorgebracht, dieser ort hatte niemals farben, die das menschliche auge kennen kann. die seele ist das traurigste, schwärzeste tier, die seele fällt immer wieder hinter dich zurück. ihre bewegungen sind die bewegungen von gestein, gebirge, ein sich-zusammenfalten in monströser zeitlupe, so schleichend, dass sie alles menschliche nie berühren müsste.

wenn du tot bist, erwartet dich, was du immer erwartet hast? du hast dir vorgestellt, wie du in den körper eines tiers steigst, die wärme, die dunkelheit, das bewegtwerden in einem neuen, uralten takt. den pelz eines bären überm nacken, durch gelbe augen sehen, den ruf einer eule von innen hören, vier hände haben wie ein lemur, rennen, hetzen, bis du dich so weit hinter dir gelassen hast, dass du nichts mehr ähnelst. alles von dir hergeben, nie fragen, das monster sein, vor dem du jeden warntest. wünschen, was du auch kriegen kannst. spüren, wie die luft sich zwischen deine federn tastet, die schuppen deiner haut, das leiseste gefühl. die nacht verstehen, wirklich verstehen, stehlen, was glänzt, dich einfach wickeln ins all.

wenn du stirbst, verwandelst du dich dann nach vorn, zurück. was dachtest du, was passieren wird? erwarte, in toten sprachen zu fühlen, sumerisch, gotisch, latein. oder doch: alles, woran du glaubtest, gibt es, alles was du befürchtet hast, wird passieren, genau so. dass du in das blaue herz eines fabeltiers fährst, in den geist eines reihers, reiner körper weißen lichts. willst etwas sagen, und es ist plötzlich immer das richtige, mach dich gefasst. oder: ein zugespitzter zustand, deine eigene dünnste stelle, erwarte alles. dinge zu sehen, das innenleben des planeten, die flüche der lebenden, eine sehnsucht ist eine sehnsucht ist eine sehnsucht. was sie nicht wissen, ist, dass nichts die grenze schützt, dass je nichts endet. dass sehnsucht ein universum ohne parallelen.

wenn du tot bist, lernt dein körper neue vokabeln, die wörter für andere formen des bewegens, des weichens, des berührens. plötzlich kannst du dinge fassen, die unantastbar waren, dinge auf der schwelle, das knacken in den tiefen körpern der zedern, verschiedene töne von schwarz im geäst, hörst das wilde in ihnen, was sie nur zueinander sagen. hörst tote arten sprechen, dieses unentwegte surren aus einer anderen schicht der welt, das sich jetzt um dich legt, immer gibt es noch ein dahinter.

es gibt einen ort in dir, der auf keiner karte verzeichnet ist, dieser ort ist einsames chaos, an diesem ort ist nur gänzlich freies bewegen möglich. was, wenn deine seele existiert und genau hier in zeitlupe ihr märchenhaftes fell schüttelt, dein traum vom unendlich biegsamen rückgrat, hals, dein schwarzer schwan. das unwahrscheinlichste, was passieren kann, bist du selbst, hat es dich je gegeben. bist du dein eigener fiebertraum, your evil twin. was, wenn deine seele existiert als der letzte rest von etwas, das dich verlassen musste, weil du unhaltbar wurdest, bedrohtes gebiet. was, wenn du ihr größter ausreißer bist, ihr negativ-abbild, ihr absurder abdruck in der wirklichen welt.

die berührungspunkte mit deiner seele sind wie die berührungspunkte mit den bergen, die sich unter dir zusammenziehen, die verwunschene bewegung einer schlange, eines monströsen reptils. eine bewegung, die immer schon da war, innerhalb von allem, was du zu sehen glauben kannst. wie alle reptilien wächst sie lebenslang weiter. nichts davon würdest du je bemerken, gäbe es nicht eine stelle in deinem körper, die spricht, sich mit bewegt, immer genau gegenläufig zum takt des planeten.

AXEL GÖRLACH

VOR • ZEIT

etwas in dir ließ mich mit meinem leben
allein · durch deine hände gehen in räume, die
sich öffneten in andre räume, in einem stand rodin

sein kopf aus gips hatte ein auge · gegen einen strauß
räucherstäbchen eingetauscht, der in der höhle steckte
damit es eine stelle gibt, die mich nicht sieht

hast du gesagt & weil dich symmetrie verletzte
maltest du über dem bett das brennen eines frachters
an die decke, der abgesoffen war & schon nicht mehr

auf dem bild · nur flammen hinterließ, purpurnen
rauch, wir inhalierten ihn, wurden viel & meer & fast
hätt ich das sinken sehen können, dein verstummen

hinter weit geschlossnen lidern & das endlosweiß
der leergeschriebnen seiten nach dem lesen mallarmés
war nichts · was ich begriff, erst als das dunkle

mich durchschritt mit seinem messerkalten falten
kleid & schatten blieben, sich mit jahren füllten

ULRICH HOLBEIN

WELTCHRONIK

HAPPY HOUR IM WOHLFÜHL-UNIVERSUM, IN C-DUR (JEDERZEIT)

Vorsicht! Mit rosa Scherzbrille, munter auf die Nase gestülpt, könnt alles etwas flach und flau aussehn, nirgendwo Urgrund oder Untiefe.

Urnebel, Elektronen und Planeten kreisten um sich selbst, frohgemut, um Atomkerne und Sterne.

Atome setzten sich zu Weltwundern zusammen – irgendwie faszinierend!

Lichtpünktchen glommen auf – sehr verheißungsvoll.

Feuerkugeln im Schoko-Mantel, umplätschert von Ozeanen – quasi auf immer und ewig.

Lebensfunken blitzten furios auf, Tröpfchengeflirr, schönste Regenbögen.

Meersalat begrünte Felslandschaften, frühlingsbunt, sensibel, zukunftsfroh.

Ah, was blühte denn da?

Bioformen stiegen auseinander hervor, entgegen jeder Wahrscheinlichkeit.

Lebensgestalten tranken Licht, Glück und Scheinglück. Alles atmete, sprühte, glühte, grünte und blühte. Auf Stammbäume setzten sich Stufentürme. Korallenbänken entsprossen Irrlichter. Seifenblasen platzten klangvoll und gingen nicht verloren. Miniatur-Präzisionsinstrumente pendelten sich ein ins große Ganze, plötzlich alles voller Scheinriesen, niedlich, Kuriositätenkabinette, unvergesslich – ein seliger Reigen liebenswerter Monster, selbstbeweglich, perfektioniert und überspezialisiert.

Lebenslust, Überfülle, Weltfülle schoss über, unstillbar und unersättlich. Wesen gondelten durch blühende Lebensräume, farbenprächtig. Alles verausgabte sich lustvoll, unter schönen Sternen im schönen Weltenall.

Großhirne überformten Kleinhirne. Aus Embryogenesen stiegen Zellverbände, Sinnesorgane, ingeniös ausdifferenziert – ein phylogenetischer Quantensprung nach dem anderen! Känguruhsprünge en masse! Geist stieg alsbald in die Bommel der Mütze.

Gottesgeschöpfe und Götterlieblinge – hervorgezaubert – fluteten hervor aus Füllhörnern, Farbtupfer in Pfauenrädern, hinangezogen, ausbalanciert von Fata Morgana. Myriaden von Libellenflügeln stiegen auf: vom Würmchen zu Aurorafalter und Picassofisch, Kolibri und Okapi, vom Gorilla zu Madonna und Marsmännchen, weit drüber hinaus zu Erzengel, Astralleib und Gottvater, Fontänen aus Glücksfiguren, und spritzten Wollust und wedelten vor Freude, spitzten Ohren, mit Augen, die überflossen, mit Seelen, die überliefen, durchpulst, steigerbar, im Temporausch der Gefühlspaletten – die wuchsen unbremsbar mit, au yeah!

Mutti Natur sandte ihre Geschöpfe lächelnd durch Wechselbäder, durch Jungbrunnen. Alles strömte sich aus, recht unvergänglich, in Höhenflügen durch Hochgebirge, Fettnäpfchen und Höchstkulturen, quer durch Farbenkreise, Tanzreigen, Quintenzirkel und Bilderbögen. Trunken eingebunden, schwebten die Lebewesen über allem, weit, hoch, herrlich, sprengten jeden Knast, rauschhaft, reichten jede

Glücksträne weiter, jauchzten auf, immer liebestoller, immer liebevoller! Alles wanderte durch Lichterketten aus Festgelagen, Reifeprozessen, Gefühlstornados, Mega-Orgasmen ohne Ende – nein, kein Ende! Kein Erlöschen selbstentgrenzender Nervengewitter!

In x Köpfchen fand sich manch ein Multiversum komplett wieder – unfassbar!

Alle Lebewesen wurden superköstlich geflutet, von körpereigenen Drogen, Visionen, Erkenntnisblitzen selbst im Todesschmerz – alle ließen souveräne Stoßseufzer los, druckreife Sterbebett-Bonmots!

Frau Welt versank in Höllenschlünden, in schwarzen Löchern. Alle Lebewesen aber flogen im weißen Lichttunnel zu Gott. Dass sie arg oft sterben mussten, zwischendurch, bekamen sie kaum mit.

Auf Wiedersehn! Winkewinke! Gut's Nächtle, Freunde! Weitere Lachkrämpfe, Schnapsideen, Sternstundenkommen in Sicht! Öfter mal was Neues und Anderes und noch Schöneres! Da Capo! Ancora una volta! Muhurmuhu! Immerzu, immerzu!

Bitte nochmal!

KOPFWEH IM ANGSTSCHWEISS-UNIVERSUM, IN FIS-MOLL (JEDERZEIT)

Vorsicht! Mit schwarzer Plastikbrille, zerknirscht über den bösen Blick gestülpt, sieht alles überhaupt nicht lustig aus, nirgendwo Hoffnung oder Freude.

Urnebel kreisten um sich selbst, ohne Schwindel, ohne Quirl.

Elektronen und Kotkugeln eierten um Atomkerne und Fixsterne, hirnlos, blind, wie irgendwer sie schuf.

Atome, arg klein geraten, merkten nicht, was für Krempel sie zusammenschusterten – hypertrophe Kinkerlitzchen.

Leuchtkrümel kleckerten herum, arg ausknipsbar.

Feuerkugeln ließen sich umplätschern von Wassermassen.

Ursuppe, aufgeheizter, entkroch Biomasse, eingeweichte.

Grünzeug krallte sich auf Felsnasen fest, glitschig, lichtgeil, expansiv.

Uff, was wimmelte und nervte denn da? Aha, Lebewesen – musste das sein? Bodendecker rissen sich los, Kriechpflanzen, und hetzten als Tiere in der Gegend rum, total naturtrüb, unhygienisch, animalisch, auf Aminosäurenbasis usw. Moleküle merkten nicht, was sie für Jammergestalten zusammenpfriemelten. Statt Chlorophyll – Hämoglobin! Blutsschlürfer wussten nicht, was sie taten. Kauende Beute verstand nicht, wie ihr geschah. Man vernaschte und zermanschte einander, um nicht zu sagen: Sie fickten und sie killten sich. Netter ausgedrückt: Sie küssten und sie schlugen sich.

Fressketten trudelten signalbunt durch grüne Einheitskluft – x-mal dichter gestreut als Fixpunkte im Quantenschaum.

Oberschlundganglien mutierten zu Kleinhirnen, eingeschweißt in Rumpfausstülpungen, Schwundstirnen und Flachköpfe. Schädelkapseln ließen sich umwuscheln von Haarkleidern.

Schnüffelnasen schossen vorwärts, irreal überspezialisiert, und rissen tierförmige Mordinstrumente hinter sich her – eine Gebissperfektionierung nach der anderen!

Horrorgestalten, tonnenweise durchgeschleust, saßen in Korsetten und Galeeren fest, Witzfiguren, übel angehaucht vom arschkalten Kosmos, angeleint an bedepperte Naturgesetze, gefoppt von irgendwem, eingepfercht in sich selbst, niedergeknüppelt, in Maßen veredelbar, kaum hochzüchtbar: vom Plattwurm zur Blattlaus, vom Raubsaurier zum Beutelteufel, vom Halbaffen über friedliche Mitbürger zu Todesengel und Halbgott, hinauf von der DNA zur VIP, hinab von GOTT zum TÜV, allesamt leicht verderblich, und schleuderten Kot und brüllten vor Angst.

Allen Lebewesen entging total, wie 3 vor 12 das Evolutionstempo zulegte – im Schwurbel-Boom, Zappelmurks & Oberstuss nirgendwo eine Notbremse. Dann bekamen sie doch noch mit, was hier gespielt wurde. Über die Rush Hour abnippelnder Generationen, eingebacken in Globusaufstrich, zogen sich Textilfilme religiösen Lichthungers, angereichert mit Ölgestank, hineingewurstet in Debakel und Schlamassel.

Potenzgötter krepierten im verrostenden Hightech. Auf Nackenschläge folgten Arschtritte. Kein Köter mochte länger so leben.

Sie gingen ein wie Primeln. Sie ließen alle Hoffnung fahren. Sie wurden neu hervorgepresst, unkaputtbar, von brüllenden Müttern.

Nervenkostüme bekamen sie gratis, um noch lauter zu brüllen. Aus ihrem Klecks Leben pressten sie Lustquanten, zwischen gekauten Körperteilen und abgewetztem Epithelgewebe. Sie hängten sich an Lustmomente, privat, mit Klammerreflex. Wenn's hochkam, klimperten sie so vor sich hin – na, hat's Spaß gemacht, zeitweise? Manche dieser zerquetschten Deppen – gebläht von Sinnfindung – fühlten sich ganz kannibalisch wohl, hierzulande, als wie fünfhundert Säue.

Jedes Mal, bevor sie krepierten – igittigitt, wie unästhetisch! –, verlängerten sie ihre Abgabedaten, fieberhaft, mit und ohne partner conflicts.

Danach kam dann nicht mehr viel – na dann tschüssy! Winkewinke! Denn Nacht ward nun schon bald. Algenbewuchs putzte Behindertenparkplätze fort.

Statt doch noch nach Alpha Centauri zu gelangen, zerdepperten sie güldene Operngucker und vergaßen Klettverschlüsse. Sog. Menschheit kehrte zurück zur Pferdezucht, verbesserte Faustkeile, tötete und flötete noch eine Weile herum – außer Spesen nichts gewesen.

Das bissige Intermezzo Säugetier machte alsbald haltbareren Sparpaketen Platz: Mörderhaien, Bulldog-Ameisen und zuletzt – metallfressenden Bakterien.

Wimmelnder Wahnwitz recycelte sich immer mühsamer.

Milliarden Leuchtkrümel schlafften ab, Wurm drin, Stöpsel raus, Luft raus, burned out, Flachverpuffung, ganz ohne Filmmusik.

Es nannte sich Schöpfung, Evolution, Menschheit, Kosmos. Nicht mal Spesen gewesen!

Allerlei Welten hinterlegten allerlei Atomköttel im Nichts, also Restmüll, als Sicherheitskopie, alias: Flaschenpost. Alles krümelte zurück ins Vakuum – ehe die pechschwarze Kacke komplett von vorn losging. Auch das noch!

Es sei denn, das nächste Weltall bleibt einfach mal fort.

Das übernächste tut's doch auch noch.

Alle mussten bald nochmal in die Arena, und nochmal!

Öfter mal was Neues! Öfter mal dasselbe! Nix wie raus hier!

Auszug aus dem unveröffentlichten Manuskript *Weltchronik. Meta-Roman.*

THOMAS VON AQUIN
– geboren 1225 auf Schloss Roccasecca bei Aquino in Italien. Trat nach seinem Studium in den Dominikanerorden ein. Die Legenden, die sich um sein Leben und Wirken ranken, erzählen von den Versuchen seiner Familie, ihm die fleischlichen Gelüste mit schönen Frauen als Lockmittel schmackhaft zu machen, welchen er jedoch vehement widerstand. Thomas von Aquin zählt zu den bedeutendsten Philosophen und Theologen des Abendlandes. Er starb 1274 und wurde 1323 heiliggesprochen.

●

ARISTOTELES
– geboren 384 v. Chr. in Stageira. Ist neben Sokrates und →Platon, dessen Schüler er war, der Inbegriff des antiken Großphilosophen. Vor allem seine Beiträge zu Logik, Rhetorik, Naturphilosophie, Metaphysik, Ethik und Dichtungstheorie werden nach wie vor rezipiert und für Lehre und Forschung verwendet. Aristoteles starb 322 v. Chr. in Chalkis.

●

FLORIAN L. ARNOLD
– geboren 1977 im uns bekannten Universum. Vergnügt sich an historischer Literatur, Kunst, Bergtouren und Ostseewind. Büchernarr. Autor verschiedener Romane und Theaterstücke, zuletzt *Die Ferne* (Mirabilis Verlag, 2016). Verleger bei Topalian & Milani. Zeichner und Galerist, Initiator der *Literaturwoche Donau* in Ulm und drumherum, wo es einmal im Jahr um unabhängige Verlage geht.

●

TIMO BRANDT
– geboren 1992 in Düsseldorf, wuchs in Hamburg auf. Seit 2014 Studium am Institut für Sprachkunst an der Universität für angewandte Kunst Wien. Seit 2016 Rezensent auf fixpoetry.com. Veröffentlichungen u.a. in *Jenny*, *BELLA triste* und *STILL – Magazin für junge Literatur und Photographie.*

●

LORD BYRON

– geboren 1788 in London als George Gordon Byron, sechster Baron Byron. Superstar und Enfant terrible der angelsächsischen Spätromantik. Seine Protagonisten, besonders der seines berühmtesten Versepos *Childe Harold's Pilgrimage*, brachten es zum Archetypen, dem Byronic Hero: rebellisch, zynisch, promiskuitiv – Eigenschaften, die auch ihrem Autor zugeschrieben wurden. Byron unterstützte die Griechen in ihrem Befreiungskampf gegen die Türken. Er starb 1824 in Griechenland.

•

MANFRED CHOBOT

– geboren 1947 in Wien. Von 1991 bis 2004 Herausgeber der Reihe *Lyrik aus Österreich*. Redakteur der Literaturzeitschrift *Podium* (1992 bis 1999) und *Das Gedicht* (1999 bis 2002). Zahlreiche Auszeichnungen und Veröffentlichungen von Lyrik (zuletzt *gefallen gefällt* bei edition art science, 2012) und Prosa (zuletzt *Doktor Mord. Mini-Krimis* und *Das Killer-Phantom. Mini-Krimis*, beide 2015 bei Löcker).

•

DANTE ALIGHIERI

– geboren 1265 in Florenz. Musste nach einem Ausflug in die Politik und einer Einmischung in aktuelle Streitthemen (Papst gegen Kaiser) seine Heimatstadt verlassen und lebte in Verona und Lucca im Exil. Mit der *Göttlichen Komödie* verfasste er eines der bedeutendsten Werke der Literaturgeschichte. Er gilt als »Vater des Hochitalienischen« und starb 1321 in Ravenna an der Malaria.

•

ULRIKE DRAESNER

– Geboren 1962 in München. Romanautorin, Lyrikerin und Essayistin. Studium in England und Deutschland. Zuletzt erschienen *Sieben Sprünge vom Rand der Welt* (Roman 2014), *subsong* (Gedichte 2014) und *Mein Hiddensee* (2015). Übersetzungen aus dem Englischen und Französischen, intermediale Projekte, Gast- und Poetikdozenturen in Deutschland, der Schweiz, England und den USA. Draesner erhielt für ihr Werk zahlreiche Auszeichnungen. Sie lebt in Berlin und Oxford.
www.draesner.de
www.der-siebte-sprung.de

•

CHRISTOPHER ECKER
– geboren 1967 in Saarbrücken, studierte Germanistik und Philosophie in Saarbrücken und Kiel. Für sein literarisches Schaffen erhielt er mehrere Preise, zuletzt den Friedrich-Hebbel-Preis 2015. Von ihm erschienen u.a. die Romane *Madonna* (2007), *Fahlmann* (2012), *Die letzte Kränkung* (2014) sowie *Der Bahnhof von Plön* (2016). Ecker lebt und arbeitet in Kiel.

●

ALBERT EINSTEIN
– geboren 1879 in Ulm. Als Schüler nur Mittelmaß in Zeichnen und Französisch. Urheber von gleich zwei Relativitätstheorien (der allgemeinen und der speziellen). $E = mc^2$. Erhielt 1921 den Nobelpreis für Physik – dies allerdings für die Formulierung des Gesetzes des photoelektrischen Effekts. Starb 1955 in Princeton.

●

TOBIAS FALBERG
– geboren 1976, lebt in Nürnberg, schreibt Gedichte und Prosa. Auszeichnungen: u. a. Feldkircher Lyrikpreis, Klagenfurter Literaturkurs. Für seinen Band *Plastiniertes Gelände* erhielt er 2013 den Literaturförderpreis der Erlanger Kulturstiftung. Gedichte daraus sind in Übersetzung im Chinesisch-deutschen Jahrbuch *Literaturstraße* des Verlags der Volksliteratur, Peking, erschienen. Seit 2010 entstehen Bild-Text-Gedichte in Zusammenarbeit mit dem bildenden Künstler Hans-Peter Stark, ausgestellt u. a. in Wien, Nürnberg und Berlin.

●

GABRIELE FRINGS
– geboren 1966, lebt in Bonn. Lyrikerin. Studium der Kunstgeschichte (Promotion), Arbeit als Dozentin für Deutsch als Fremdsprache und als freiberufliche Lektorin, Kuratorin von Gruppen- und Einzellesungen, Jurorin (u. a. Bonner Literaturpreis 2015). Seit 2012 ist sie im Redaktionsbeirat der Literaturzeitschrift *Dichtungsring*. Veröffentlicht Lyrik, zuletzt *Mitlesebuch 133* im Aphaia Verlag (2015) und *Rauchsignale* im Literaturautomat (2016).

●

GALILEO GALILEI

– geboren 1564 in Pisa. Legte den Grundstein der modernen Naturwissenschaft. Seine Publikation des kopernikanischen Weltbildes (die Erde ist nicht länger Dreh- und Angelpunkt unseres Universums, sondern die Sonne) führte dazu, dass Galileo von der katholischen Kirche der Prozess gemacht wurde. Errungenschaften in den Bereichen der Philosophie, Mathematik, Physik, Astronomie, Mechanik. Er starb 1641/42 in der Nähe von Florenz.

●

AXEL GÖRLACH

– geboren 1966 in Kaufbeuren. Lebt als Autor und als Sprachlehrer für ausländische Jugendliche in Nürnberg. Pädagogikstudium in Nürnberg, Studium der Philosophie und der Neueren Deutschen Literaturgeschichte in Erlangen und Hagen, Studium des Deutschen als Zweitsprache und der Türkischen Sprache in Nürnberg und Istanbul. Zahlreiche Auszeichnungen (zuletzt 1. Preisträger Feldkircher Lyrikpreis 2014) und Veröffentlichungen von Lyrik (*lichtstill*, edition art science, 2015).

●

DURS GRÜNBEIN

– geboren 1962 in Dresden, studierte Theaterwissenschaft in Berlin, wo er seit 1987 als freier Lyriker, Essayist und Übersetzer lebt. Seit 1988 zahlreiche Veröffentlichungen (zuletzt *Die Jahre im Zoo. Ein Kaleidoskop* im Suhrkamp Verlag, 2015) und Auszeichnungen (zuletzt Tranströmer-Preis 2012). 1995 erhielt er als bis heute jüngster Ausgezeichneter den Georg-Büchner-Preis.

●

CAROLINE HARTGE

– geboren 1966. Lebt in Garbsen bei Hannover. Studium der Anglistik, Hispanistik und Geographie. Veröffentlichung von Gedichten seit 1987, u. a. in Der Neue Conrady (2000), Lyrik von Jetzt (2003), Jahrbuch der Lyrik (2009ff.) und der ZEIT (2013). Als letzter Einzelband erschien *Lose wolken* 2012 im Verlag Peter Engstler.

●

ULRICH HOLBEIN

– geboren 1953 in Erfurt, studierte Theologie, Biologie und freie Malerei in Tübingen und Kassel. Seit 1977 verfasst er als freier Schriftsteller Romane, Essays, Hörspiele und Kolumnen. Ausgezeichnet u.a. mit dem Ernst-Willner-Preis beim Ingeborg-Bachmann-Wettbewerb 1992 und zuletzt mit dem Kasseler Literaturpreis 2012. Holbein lebt und arbeitet im hessischen Knüllgebirge.

●

ANDREAS CHRIST SØLVSTEN JØRGENSEN

– geboren und aufgewachsen in Dänemark. Hat im hohen Norden Skandinaviens erfolgreich ein Studium der Astrophysik abgeschlossen. Unterrichtet an einem bayerischen Gymnasium.

●

HARALD KAPPEL

– geboren 1960, lebt und arbeitet als Arzt in der Nähe von Aachen. Studierte Kommunikationswissenschaft an der RWTH Aachen mit Schwerpunkt Kreatives Schreiben, leitet Schreibkurse und schreibt vornehmlich Lyrik. Veröffentlichungen in Anthologien, außerdem ein Roman (*Gegenströmung*, 2005) und Gedichtsammlungen (zuletzt *Mondvoll*, 2013). Als Mitglied der Künstlergruppe *Atelier Kunstdialog* war er beteiligt an diversen Ausstellungen.

●

BASTIAN KIENITZ

– geboren 1975. Dr. rerum naturalium. Seit 2012 freiberuflicher Fotograf und Künstler. Veröffentlichungen von Lyrik, Prosa und poetischen Kurzversen in Anthologien und Literaturzeitschriften. Als Dichter erhielt er den Anerkennungspreis beim Wiener Werkstattpreis 2013 und war 2015 Finalist beim Kurzgeschichtenwettbewerb *Zeilen.Lauf* des Kulturfestivals *Art.Experience* der Stadt Baden.

●

ROBERT KRAFT

– geboren 1869 in Leipzig, bereiste er nach einer Schlosserlehre als Seemann und Abenteurer die Welt und lebte u.a. in Ägypten und England.

Kraft verwendete die auf seinen Reisen gesammelten Eindrücke in seinen zahlreichen Kolportageromanen, welche klingende Namen wie *Ein moderner Lederstrumpf*, *Im Panzerautomobil um die Erde* oder *Die Wildschützen vom Kilimandscharo* tragen und ihm die Bezeichnung »deutscher Jules Verne« einbrachten. Er starb 1916 im Alter von 46 Jahren an einem Magenleiden.

●

GEORGES EDOUARD LEMAÎTRE

– geboren 1894 im belgischen Charleroi, repräsentiert einen seltenen Wissenschaftler-Typus: als Priester folgte er den Lehren der katholischen Kirche, während er als promovierter Astrophysiker das Bild vom Schöpfungsmoment des Universums revolutionierte. Lemaître formulierte als Erster überzeugend die Theorie des Urknalls und gilt dank seiner Forschung zur Ausdehnung des Weltalls als personifizierte Initialzündung der modernen Astrophysik. Er starb 1966.

●

LUKREZ

– geboren etwa 100 v. Chr. Ist vor allem bekannt für sein unvollendetes Lehrgedicht *De rerum natura*, welches die wichtigste Quelle der epikureischen Naturphilosophie darstellt. Die darin formulierte Theorie von der Beschaffenheit der Welt aus Atomen ist eine der Urtexte der modernen Physik. Von Lukrez' Leben ist außer Legenden (Liebestrank – Wahnsinn – Selbstmord) wenig bekannt. Er starb um 50 v. Chr.

●

JAMES CLERK MAXWELL

– geboren 1831 in Edinburgh, wird oft als der einflussreichste Physiker neben Isaac Newton genannt. Außer seinen Erkenntnissen in den Bereichen Elektromagnetismus und kinetische Gastheorie ist er u. a. dafür bekannt, die erste Farbfotografie produziert zu haben. Dass er sich neben der Physik auch der Lyrik widmete (wobei sich diese beiden Betätigungsfelder oft überschnitten), ist heute weitgehend in Vergessenheit geraten. Er starb 1879 in Cambridge an Magenkrebs.

●

MARTIN PIEKAR

– geboren 1990, Student der Philosophie und der Geschichte. Zahlreiche Stipendien und Auszeichnungen, z. B. 2012 Lyrikpreisträger beim 20. Open Mike, 2013 Finalist beim Lyrikpreis München, 2014 World Lyrikwrestling Champion und 2015 Förderpreisträger des jungen Literaturforums Hessen-Thüringen. Zweimaliger hr2-Literaturpreisträger, 2015 und 2016. Veröffentlichte in Literaturzeitschriften (u. a. *POET*, *Neue Rundschau*, *manuskripte*). Mitglied des Jungautorenkollektivs *sexyunderground*. Sein erster Gedichtband *Bastard Echo* erschien 2014 im Verlagshaus J. Frank.

●

PLATON

– geboren 427 v. Chr. in Athen als Sohn einer wohlhabenden Familie. Philosoph und Staatstheoretiker. Schüler des Sokrates, Lehrer des →Aristoteles. Seine Überlegungen und Erkenntnisse beeinflussen das geschulte Denken bis heute. Unternahm mehrere weite Reisen, auf denen er sich mit konkurrierenden Denkschulen vertraut machte. Er starb 347 v. Chr. in Athen.

●

EDGAR ALLAN POE

– geboren 1809 in Boston. Früh verwaist. Studium an der University of Virginia. Heiratete seine damals 13-jährige Cousine Virginia Clemm. Zahlreiche Veröffentlichungen von Prosa und Lyrik. Er beeinflusste mit seinen literarischen Arbeiten maßgeblich alle Autoren, die nach ihm in den Genres Krimi, Horror und Mystery schrieben. Starb 1849 unter nicht geklärten Umständen, die bis heute ergiebiges Objekt wilder Spekulationen sind.

●

RAOUL SCHROTT

– geboren 1964 in Landeck, studierte Literatur und Sprachwissenschaft in Innsbruck, Norwich, Paris und Berlin. Sein Werk umfasst Romane und Erzählungen (zuletzt *Das schweigende Kind* bei Hanser, 2012), Gedichtbände (zuletzt *Die Kunst an nichts zu glauben* bei Hanser, 2015), Essays, Hörspiele und Übersetzungen u. a. des Gilgamesch-Epos und der Ilias. Er erhielt für seine Arbeit zahlreiche Stipendien und Auszeichnungen. Im Herbst 2016 erscheint sein Epos *Erste Erde.*

●

ELI A. SOLARIS

– geboren 1986 in Berlin, lebt in London, Wien und Hong Kong. Doktorandin in Synthetischer Biologie, geforscht an Chaostheorie, Biorobotern und Entwicklung neuer Krebswirkstoffe. Studierte an ETH, Harvard und Imperial College London. Arbeit in einem Think-Tank für Zukunftstechnologien. Mehrere wissenschaftliche Preise, Veröffentlichungen in Anthologien, arbeitet gerade an ihrem ersten Roman.

●

ALKE STACHLER

– geboren 1984, studierte in Augsburg Literaturwissenschaften und Kunstgeschichte. Seit 2009 veröffentlicht sie Lyrik in Zeitschriften und Anthologien, im Frühjahr 2016 erschien ihr Gedichtband *dünner ort* in der edition mosaik. 2014 war sie Preisträgerin der Literaturstiftung Bayern, 2015 Finalistin beim Irseer Pegasus.

●

ARMIN STEIGENBERGER

– geboren 1965 in Nürnberg. Mitherausgeber der Literaturzeitschrift *außer.dem.* Mitglied der Autorengruppe *Reimfrei.* Produktion und Moderation der Radiosendung *poesie[magazin]* bei Radio Lora München 92,4. Veröffentlichung in Anthologien und Zeitschriften. Letzte Einzelpublikation: *die fortsetzung des glücks mit anderen mitteln,* Gedichte, Horlemann Verlag (2013). Schreibt v. a. Lyrik, lebt in München.

●

OLAF TRUNSCHKE

– geboren 1958 in Radebeul bei Dresden, arbeitete als Chemiker, Lektor und Werbetexter. Im Wende-Herbst 1989 gründete er mit dem octOpus Verlag einen der ersten unabhängigen Verlage im Osten Deutschlands. Heute arbeitet er als Mediendesigner, Dozent und Schriftsteller in Berlin und Erfurt. Außer Prosa (zuletzt *Schöne Bestien*, 2012) veröffentlichte er bisher vor allem Aphorismen und Lyrik. Im August 2016 erscheint sein erster Roman *Die Kinetik der Lügen* im homunculus verlag.

●

ULRICH WOELK

– geboren 1960 in Köln, studierte in Tübingen Physik, promovierte 1991 am Institut für Astronomie und Astrophysik der Technischen Universität Berlin, wo er bis 1995 als theoretischer Astrophysiker forschte. Seitdem arbeitet er als freier Schriftsteller. Verfasst Romane, Theaterstücke, Hörspiele und Essays und wurde u. a. 1990 mit dem aspekte-Literaturpreis und 2005 mit dem Thomas-Valentin-Literaturpreis ausgezeichnet.

●

»WIR HABEN DEM HIMMEL SEINE BLITZE ENTRISSEN.«

PROFESSOR WALDMANN IN »FRANKENSTEIN«

OLAF TRUNSCHKE

DIE KINETIK DER LÜGEN

Roman
288 Seiten
13,5 x 21,0 cm
Erscheint August 2016

Hardcover
ISBN 978-3-946120-72-8

€ (D) | 22,90 | € (A) 23,40 | SFR (CH) 33,90

Auch als HQ-eBook erhältlich

homunculus
verlag

WWW.HOMUNCULUS-VERLAG.DE

LUKREZ
ÜBER DIE NATUR DER DINGE

Verlag Galiani Berlin

Titel der Originalausgabe:
De Rerum Natura

Aus dem Lateinischen neu übersetzt
von *Klaus Binder*

408 Seiten, gebunden
Erschienen September 2014

ISBN 978-3-86971-095-2

€ (D) 39,99 € | € (A) 41,20 €

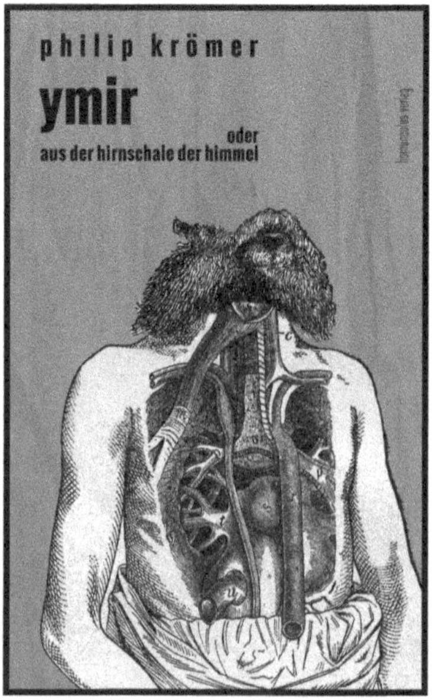

PHILIP KRÖMER
YMIR ODER: AUS DER HIRNSCHALE DER HIMMEL

»Ein angenehm aus dem Mainstream fallendes Lesevergnügen.«
Nürnberger Nachrichten

homunculus verlag

Roman
mit 30 Abbildungen

216 Seiten, gebunden
Erschienen März 2016

ISBN 978-3-946120-18-6

€ (D) 19,90 € | € (A) 20,40 €

Tippgemeinschaft 2016

Jahresanthologie der Studierenden des Deutschen Literaturinstituts Leipzig

www.dll-tippgemeinschaft.de

AURA HEYDENREICH & KLAUS MECKE (HRSG.)

PHYSIK UND POETIK

PRODUKTIONSÄSTHETIK UND WERKGENESE. AUTORINNEN UND AUTOREN IM DIALOG

Reihe: Literatur- und Naturwissenschaften 1

Verlag De Gruyter

320 Seiten, gebunden und Open Access
erschienen Oktober 2015

ISBN print 978-3-11-0406511

€ (D) 89,95 €

AURA HEYDENREICH & KLAUS MECKE (HRSG.)

QUARKS AND LETTERS

NATURWISSENSCHAFTEN IN DER LITERATUR UND KULTUR DER GEGENWART

Reihe: Literatur- und Naturwissenschaften 2

Verlag De Gruyter

376 Seiten, gebunden und Open Access
erschienen November 2015

ISBN print 978-3-11-0406351

€ (D) 89,95 €

SEITENSTECHEN #1

»SEEFAHREN MACHT BESSER«

Literaturzeitschrift
208 Seiten
Broschur
erschienen Herbst 2015

ISSN 2364-7728
ISBN 978-3-946120-00-1

€ (D) 8,– | € (A) 8,50 | SFR (CH) 12,–

MIT TEXTEN VON Petrus Akkordeon, Michael Burgholzer, Albrecht Dürer, Gorch Fock, Thomas Glatz, Caroline Hartge, Johannes Hielscher, Andreas Heckmann, Homer, Mathias Jeschke, Manfred Kern, Anke Kramer, Tanja Krautwurst, Philip Krömer, André Patten, Edgar Allan Poe, Lutz Rathenow, Joachim Ringelnatz, Tobias Roth, Lena Rubey, SAID, Christian Schloyer, Kapitän Jürgen Schwandt, Lord Alfred Tennyson, Peter Wawerzinek, Clare Wigfall u.v.a.m.

» SEEFAHREN MACHT BESSER. MAN STEHT NICHT IMMERZU AUF DER ERDE UND SPÜRT NICHT IMMER DIE GEWALT IHRER GEISTIG-MAGNETISCHEN ANZIEHUNG, DIE ZUM LASTER UND ZUR UN-SELBST-STÄNDIGKEIT FÜHRT. MAN WIRD EINSAM. VERSCHWIEGENHEIT WIRD NOTWENDIGKEIT. DIE ELEMENTE HANDELN. «

KLABUND: FRANZISKUS (1929)

ISSN 2364-7728
ISBN 978-3-946120-00-1
€ (D) 8,– | € (A) 8,50